ÉLOGE

DE

RACINE.

AVERTISSEMENT.

CET Ouvrage devait être envoyé à l'Académie de Marseille, qui avait proposé l'Eloge de Racine pour sujet du Prix d'éloquence de cette année 1772 ; mais quand l'Auteur eut achevé cet Eloge, le concours était fermé. Il a su depuis que l'Académie avait réservé le Prix pour l'année prochaine ; mais alors les arrangements étaient déjà pris pour l'impreſſion de cet Ouvrage, dont l'Auteur aurait volontiers fait un hommage très légitime à l'Académie de Marseille, qui a eu la gloire d'avoir songé la premiere à honorer la mémoire du grand Racine.

ELOGE

DE

RACINE,

Par M. De LA HARPE.

Omne tulit punctum. Horace.

A AMSTERDAM.

Et se trouve à PARIS,

Chez LACOMBE, Libraire, rue Christine.

M. DCC. LXXII.

ÉLOGE

DE

RACINE.

Quand Sophocle produisait sur la scene ces chefs-d'œuvre qui ont survécu aux Empires & résisté aux siecles, la Grece entiere assemblée dans Athenes applaudissait à sa gloire ; la voix d'un Héraut le proclamait vainqueur dans un immense amphithéâtre qui retentissait d'acclamations ; sa tête était couronnée de lauriers à la vue de cette innombrable multitude ; son nom & son triomphe, déposés dans les annales, se perpétuaient avec les destinées de l'Etat, & les Phidias & les Praxiteles reproduisaient ses traits sur l'airain & le marbre, de la même main dont ils élevaient les statues des Dieux.

Quand cette même Athenes voulait témoigner sa reconnaissance à l'Orateur qui avait servi

A

l'Etat & charmé fes concitoyens, elle décernait à Démofthene une couronne d'or ; & fi quelque rival ou quelque ennemi, ufant du privilege de la liberté, réclamait contre cet honneur, les nations accouraient de toutes les contrées de la Grece pour affifter à ce combat des talents contre l'envie, & honorer la victoire d'un grand homme.

Sans doute les Républiques font la patrie de la gloire & le temple des talents. Ces Dieux, ailleurs honorés avec froideur, ou blafphémés avec audace, ont là des autels & des adorateurs. L'homme libre qui ne voit rien au-deffus de lui que les loix, qui n'eft point accoutumé à proftituer les hommages à des conventions & à des titres, ne les accorde qu'au mérite qui les lui arrache, & fon admiration eft toujours près de l'enthoufiafme.

Il n'en eft pas de même dans les Gouvernements abfolus, où rien ne doit être grand que le pouvoir, où le comble des honneurs eft d'obtenir la protection, où la gloire du génie eft d'amufer la Puiffance. Là nulle pompe (1), nul appareil : toutes les récompenfes font des graces ; toutes font des bontés d'un maître qui encourage un fujet. Rien n'annonce la dignité qui éleve l'homme, ni la majefté de la chofe publique.

L'Académie Française a seule trouvé le moyen d'honorer les grands hommes au nom de toute la nation. Elle s'en est rendue l'organe, en décernant des éloges publics à tous les genres de talents supérieurs. L'homme de lettres, placé entre un Héros & un Monarque, a reçu de la patrie les mêmes témoignages de reconnoiſſance ; des plumes éloquentes en ont augmenté l'éclat & garanti la durée : mais cet honneur n'a rien encore qui doive alarmer l'envie, il n'exiſte que pour les morts.

Les Compagnies Littéraires des Provinces ont imité celle de la Capitale , & lui ont enlevé plus d'un éloge , que ſans doute elle n'aurait pas oublié. Tel eſt celui du grand Racine, de l'Écrivain le plus parfait qu'aient produit tous les ſiecles dans le plus difficile & le plus beau de tous les arts.

O Racine ! il y a long-temps que ton éloge était dans mon cœur. C'eſt une admiration vraie & ſentie qui m'amene après tant d'autres , non pas aux pieds de ta ſtatue (car tu n'en as pas encore), mais ſur la tombe où t'ont conduit la diſgrace & l'injuſtice. Je viens dépoſer ſur tes cendres les tributs de la poſtérité. Une autre main peut-être devrait te les préſenter. Je ne me flatte pas d'avoir embraſſé toute l'étendue de tes talents :

A ij

l'homme de génie n'eſt bien jugé que par ſes
égaux. Ce ſerait à l'Auteur de Zaïre à louer l'Auteur de Phedre : mais on pardonne à l'éleve
qui étudie les tableaux de Raphaël, de croire
en ſentir le mérite, & de céder à l'impreſſion
que font ſur lui les chefs-d'œuvre qu'il ne ſau-
rait égaler.

L'éloge d'un grand homme eſt preſque toujours un combat contre les préjugés. Mais ſi jamais cette vérité fut inconteſtable, c'eſt ſur-tout
à l'égard de Racine. Il ne fut pas apprécié par ſon
ſiecle, & il n'y a pas long-temps qu'il l'eſt par le
nôtre. Il eut beaucoup d'ennemis pendant ſa vie;
il en a encore après ſa mort. J'en développerai
les raiſons & les preuves : je les trouverai dans
l'amour propre & les intérêts de la médiocrité ;
dans cet eſprit (2) des ſectes littéraires, qui,
comme toutes les autres, ont leur politique &
leur ſecret ; enfin dans le petit nombre des hommes doués de ce ſens exquis qu'on appelle le goût.
Quand il s'agit d'être juſte envers le Génie, je ne
le ſerai pas à demi : je ne craindrai pas de heur-
ter des erreurs qui ont acquis du crédit à force
d'avoir été répétées. C'eſt bien aſſez que la vérité
ſoit tardive, il ne faut pas du moins qu'elle ſoit
timide.

La premiere de ces erreurs & la plus ſpécieuſe,

fur laquelle s'appuient d'abord ceux qui veulent déprécier Racine, c'est qu'il a été créé par Corneille.

Pour mieux diffiper cet injufte préjugé, remontons à l'origine de la Tragédie, & voyons ce qu'elle était avant Racine, & ce qu'elle a été dans fes mains.

Ce ferait fans doute un homme très extraordinaire, un génie de la plus éminente fupériorité, que celui qui aurait conçu tout l'art de la Tragédie, telle qu'elle parut dans les beaux jours d'Athenes, & qui en aurait tracé à la fois le premier plan & le premier modele. Mais de fi beaux efforts ne font point donnés à l'humanité : elle n'a pas des conceptions fi vaftes. Chacun des arts de l'efprit a été imaginé par degrés, & développé fucceffivement. Un homme a ajouté aux travaux d'un homme ; un fiecle a ajouté aux lumieres d'un fiecle : & c'eft ainfi qu'en joignant & perpétuant leurs efforts, les générations qui fe reproduifent fans ceffe ont balancé la faibleffe de notre nature, & que l'homme qui n'a qu'un moment d'exiftence a jetté dans l'étendue des âges la chaîne de fes connaiffances & de fes travaux, qui doit atteindre aux bornes de la durée.

L'invention du dialogue a fans doute été le premier pas de l'art dramatique. Celui qui imagina d'y joindre une action, fit un fecond pas bien important. Cette action fe modifia par degrés, devint plus ou moins attachante, plus ou moins vraifemblable. La mufique & la danfe vinrent embellir cette imitation. On connut l'illufion & la pompe théâtrales. Le premier qui, de la combinaifon de tous ces arts réunis, fit fortir de grands effets & des beautés pathétiques, mérita d'être appellé le pere de la tragédie. Ce nom était dû à Efchyle; mais Efchyle apprit à Euripide, à Sophocle à le furpaffer, & l'art fut porté à fa perfection dans la Greçe.

Cette perfection était pourtant relative, & en quelque forte nationale. En effet, s'il y a dans les ouvrages des anciens Dramatiques des beautés de tous les temps & de tous les lieux, il n'en eft pas moins vrai qu'une bonne tragédie grecque, fidellement tranfportée fur notre théâtre, ne ferait pas une bonne tragédie françaife (3). Nous avons à fournir une tâche plus longue & plus pénible. Melpomene chez les Grecs paraiffait fur la fcene entourée des attributs de Terpfichore & de Polymnie : chez nous elle eft feule, & fans autre fecours que fon art, fans autres appuis que la terreur & la pitié. Les chants & la grande poéfie des chœurs relevaient l'extrême fimplicité des fujets grecs, & ne laiffaient appercevoir aucun vuide dans la repréſentation : ici, pour remplir la carriere de cinq actes, il nous faut mettre en œuvre les reſſorts d'une intrigue toujours attachante, & les mouvements d'une éloquence toujours paſſionnée. L'harmonie des vers grecs enchantait les oreilles avides & ſenſibles d'un peuple poëte : ici, le mérite de la diction, ſi important à la lecture, ſi déciſif pour la réputation, ne peut ſur la ſcene ni excuſer les fautes, ni remplir les vuides, ni ſuppléer à l'intérêt, devant une aſſemblée d'hommes où il y a peu de juges du ſtyle. Enfin, chez les Athéniens, les ſpectacles donnés par les Magiſtrats en certains temps de l'année, étaient des fêtes pompeuſes & magnifiques où ſe ſignalait la brillante rivalité de tous les arts, & où les ſens, ſéduits de toutes les manieres, rendaient l'eſprit des juges moins ſévere & moins difficile : ici, la ſatiété, qui naît d'une jouiſſance de tous les jours, doit ajouter beaucoup à la ſévérité du ſpectateur, lui donner un beſoin plus impérieux d'émotions fortes & nouvelles : & de toutes ces conſidérations on peut conclure que l'art des Corneille & des Racine devait être plus étendu, plus varié & plus difficile, que l'art des Euripide & des Sophocle.

Ces derniers avaient encore un avantage que n'ont pas eu parmi nous leurs imitateurs & leurs

rivaux. Ils offraient à leurs concitoyens les grands
événements de leur histoire, les triomphes de
leurs Héros, les malheurs de leurs ennemis, les
crimes de leurs Dieux. Ils réveillaient des idées
imposantes, ou des souvenirs chers & flatteurs,
& parlaient à la fois à l'homme & au citoyen.

La tragédie, soumise comme tout le reste au
caractere patriotique, fut donc chez les Grecs
leur histoire en action. Corneille, dominé par
son génie, & n'empruntant aux Anciens que les
préceptes de l'art sans prendre leur maniere pour
modele, fit de la tragédie une école d'héroïsme
& de vertu. Racine, plus profond dans la connaissance de l'art, s'ouvrit une route nouvelle,
& la tragédie fut alors l'histoire des passions &
le tableau du cœur humain.

Je suis loin de vouloir affoiblir ce juste sentiment de reconnaissance & d'admiration qui con-
sacre parmi nous le nom de Corneille. Si j'étais
assez malheureux pour pouvoir jamais être le
détracteur d'un grand homme, oserais-je louer
Racine?

Corneille, s'élevant tout à coup au-dessus des
déclamateurs barbares qui n'avaient encore pris
aux Grecs que la regle des trois unités, jetta le
premier de longs sillons de lumiere dans la nuit
qui couvrait la France. Le premier il mit de la

nobleſſe dans notre verſification : il éleva notre langue à la hauteur de ſes idées ; il l'enrichit des tournures mâles & vigoureuſes qui n'étaient que l'expreſſion de ſa propre force. Le premier il connut le langage de la vraie grandeur, l'art de lier les ſcenes, l'art de l'expoſition & du dialogue. Il purgea le Théâtre des jeux de mots & des pointes ridicules, qui ſont l'éloquence des temps de barbarie. C'eſt à lui que l'on dut la premiere tragédie intéreſſante qui commença la gloire du Théâtre Français, & prépara ſa ſupériorité. Il eut dans Cinna le mérite unique juſqu'alors de remplir l'étendue du Drame avec une aċtion majeſtueuſe & ſimple. Il puiſa dans ſon génie les beautés tragiques des Horaces, les détails impoſants de Pompée & de Sertorius, le cinquieme Aċte de Rodogune, l'un des plus grands tableaux qu'on ait jamais montrés ſur la ſcene. Il traça des caraċteres énergiques, tels que Dom Diegue & le vieil Horace, Emilie & Cornélie ; des caraċteres nobles & vertueux, tels que les deux Freres dans Rodogune, Sévere & Pauline dans Polyeuċte. Tous ces différents mérites étaient inconnus avant lui, & il y a joint des traits d'une éloquence frappante, & ces mots ſublimes qui, s'échappant d'une ame fortement émue, ébranlent fortement la nôtre, lui donnent une plus grande idée d'elle-même, & y laiſſent un profond ſouvenir de l'homme rare à qui elle a dû cette puiſſante émotion.

Voilà ce qu'avait fait Corneille. Mais, combien il reſtoit encore à faire ! combien l'art de la tragédie, qui doit être le réſultat de tant de mérites différents , était loin de les réunir ! Combien y avoit-il encore, je ne dis pas à perfectionner, mais à créer ! car l'aſſemblage de tant de beautés vraiment tragiques qui étincelerent dans le premier chef-d'œuvre de Racine, dans Andromaque, n'eſt-il pas une véritable création ?

O Racine ! un homme tel que toi ne pouvait être formé que par la Nature ; ton excellente organiſation fut entiérement ſon ouvrage, & portait un caractere original , indépendant de toute imitation. C'eſt de la Nature, que tu reçus cette ſenſibilité prompte qui réfléchit tous les objets qui l'ont frappée, ce tact délicat, ces vues juſtes & fines , ce diſcernement ſi ſûr , ce ſentiment des convenances, ce goût , enfin, cultivé par les leçons de Port-Royal , nourri par le commerce aſſidu des Anciens, fortifié par les conſeils de Boileau ; ce goût , qualité rare & précieuſe, qui peut-être eſt au génie, ce que la raiſon eſt à l'inſtinct, s'il eſt vrai que l'inſtinct ſoit le mobile de nos actions & que la raiſon en ſoit le guide ; ce goût qui attache aux productions vraiment belles le fceau d'une admiration éclairée & durable ; qui fépare, par un intervalle immenfe, les Virgile, les Cicéron, les Horace, des Lucain, des Stace & des Séneque ; qui feul enfin éleve les ouvrages de l'homme à ce degré de perfection qui femblait au-deffus de fa foibleffe.

Peu content de ce qu'il avoit produit jufqu'alors (car le talent fait juger ce qu'il a fait, parcequ'il fent ce qu'il peut faire), ne trouvant pas dans fes premiers ouvrages l'aliment que cherchait fon ame, Racine s'interrogea dans le filence de la réflexion. Il vit que des converfations politiques n'étaient pas la Tragédie. Averti par fon propre cœur, il vit qu'il falloit la puifer dans le cœur humain, & dès ce moment il fentit que la Tragédie lui appartenait. Il conçut que le plus grand befoin qu'apportent les Spectateurs au théâtre, le plus grand plaifir qu'ils puiffent y goûter, eft de fe retrouver dans ce qu'ils voient ; que fi l'homme aime à être élevé, il aime encore mieux être attendri, peut-être parcequ'il eft plus fûr de fa faibleffe que de fa vertu ; que le fentiment de l'admiration s'émouffe & s'affoiblit aifément ; que les larmes douces qu'elle fait répandre quelquefois font en un moment féchées, au lieu que la pitié pénetre plus avant dans le cœur,

y porte une émotion qui croît fans cesse & que
l'on aime à nourrir, fait couler des larmes déli-
cieuses que l'on ne se lasse point de répandre, &
dont l'Auteur tragique peut fans cesse rouvrir la
source, quand une fois il l'a trouvée. Ces idées
furent des traits de lumiere pour cette ame si sen-
sible & si féconde, qui, en descendant en elle-
même, y trouvait les mouvements de toutes nos
pallions, les secrets de tous nos penchants. Combien un seul principe lumineux embrassé par le
Génie avance en peu de temps sa marche vers la
perfection !

Le Cid avait été la premiere époque de la gloire
du Théâtre Français, & cette époque était brillante. Andromaque fut la seconde, & n'eut pas
moins d'éclat : ce fut une espece de révolution.
On s'apperçut que c'étaient là des beautés absolument neuves ; mais Corneille & Racine n'en
avaient pas encore appris assez à la nation, pour
qu'elle pût saisir tout ce qu'un pareil ouvrage
avait d'étonnant. Racine était dès-lors trop au-
dessus de son siecle & de ses Juges. Il faut plus
d'une génération pour que les connaissances,
s'étendant de proche en proche, répandent un
grand jour sur les monuments du Génie. Il est
bien plus prompt à créer, que nous ne le som-
mes à le connaître.

Inftruits par cent ans d'expérience & de réflexions, nous fentons aujourd'hui quel homme ce
feroit que Racine, quand même il n'aurait fait
qu'Andromaque. Cette unité d'intérêt fi claire &
fi diftinéte dans une intrigue qui femblait double, cet art d'entrelacer & de conduire enfemble
les deux branches principales de l'aétion, de maniere qu'elles femblent n'en faire qu'une ; cette
fcience profonde, ce mérite de la difficulté vaincue, où fe trouvaient-ils avant Racine ?

Héraclius & Rodogune font les pieces de Corneille où devoit fur-tout fe déployer le talent de
l'intrigue (4). Avouons que ce ne font pas là des
modeles : avouons que Racine a donné ce modele
qui n'exiftait pas avant lui ; que dans Andromaque les grands crimes font produits par les grandes paffions, les intérêts clairement développés,
habilement oppofés l'un à l'autre fans fe nuire &
fans fe confondre, expliqués par les perfonnages
& jamais par le Poëte ; que les moyens que l'Auteur emploie ne font jamais ni trop vils ni trop
odieux ; que les refforts font toujours naturels
fans être prévus, les événements toujours fondés
fur les caraéteres : & convenons que Racine eft
le premier qui ait fu affembler avec tant d'art les
refforts d'une intrigue tragique.

Et cette autre partie du Drame non moins im-

portante, cet art des mœurs & des convenances,
qui enseigne à faire parler chaque personnage
selon son caractere & sa situation, & à mettre
dans ses discours cette vérité soutenue qui fonde
l'illusion du spectateur, qui l'avait appris à Racine ? Est-ce Corneille, qui peche à tout moment
contre cet art, même dans ses scenes les plus
heureuses ; qui fait raisonner l'amour avec une
subtilité sophistique, & déclamer la douleur avec
emphase, & qui mêle sans cesse la familiarité po-
pulaire au ton de l'héroïsme ? Non sans doute,
ce n'était pas dans les ouvrages de Corneille, que
Racine avait étudié les convenances. Un esprit
juste, & une imagination souple & flexible, naturellement disposée à repousser tout ce qui était
faux & affecté, à se mettre à la place de chaque
personnage, voilà ce qui lui apprit à prêter à Andromaque, à Hermione, à Pyrrhus, à Oreste un
langage si vrai, si caractérisé, qui semble toujours appartenir à leurs passions, & jamais à l'esprit du Poëte. Alors pour la premiere fois on en-
tendit une Tragédie où chacun des Acteurs était
continuellement ce qu'il devait être, & disait
toujours ce qu'il devait dire. Quelle modestie
noble & douce dans le caractere d'Andromaque !
quelle tendresse de mere ! quelle douleur à la fois
majestueuse & ingénue, & digne de la veuve

d'Hector ! Comme ses regrets sont touchants &
ne sont jamais fastueux ! comme dans ses reproches à Pyrrhus elle garde cette modération & cette
retenue qui sied si bien au sexe (5) & au malheur !
Que tout ce rôle est plein de nuances délicates
que personne n'avait connues jusqu'alors , plein
d'un pathétique pénétrant dont il n'y avait aucun
exemple ! Qui est-ce qui n'est pas délicieusement
ému de ces vers si simples qui descendent si avant
dans le cœur , & qu'il est impossible de ne pas
retenir dès qu'on les a entendus ?

    » Je ne l'ai point encore embrassé d'aujourd'hui.

    » Hélas ! il mourra donc , il n'a pour sa défense
    » Que les pleurs de sa mere & que son innocence.

    » O mon fils ! que tes jours coûtent cher à ta mere !

    » Qu'il ait de ses aïeux un souvenir modeste ,
    » Il est du sang d'Hector , mais il en est le reste.

    » Et quelquefois aussi parle-lui de sa mere.

quelle magie ! quelle perfection !
    Si nous passons aux autres personnages, quelle
bouillante activité dans le fils d'Achille ! quelle
alternative de soumission & de menaces ! quelle

franchife jeune & confiante ! quel oubli de tous les intérêts & de tous les dangers !

Orefte pouvoit-il être mieux peint ? Il femble être pourfuivi par une fatalité terrible : il paraît preffentir les crimes auxquels il eft réfervé : fa paffion fombre & forcenée ne voit & n'imagine rien qui ne foit funefte : il eft tourmenté par fon amour comme par une implacable Euménide.

Mais Hermione ! Ah ! c'eft ici la plus étonnante création de Racine. C'eft ici le triomphe d'un art fublime & nouveau. Parlez , vous qui refufez à l'Auteur d'Andromaque le titre de Créateur ; dites , où eft le modele d'Hermione ? Qu'y a-t-il dans Corneille ou dans aucun des Auteurs anciens & modernes qui reffemble même de loin à cet admirable rôle ? Où avait-on vu avant Racine ce développement vafte & profond des replis du cœur humain , ce flux & reflux fi continuel & fi orageux de toutes les paffions qui peuvent bouleverfer une ame , ces mouvements rapides qui fe croifent comme des éclairs, ce paffage fubit des imprécations de la haine à toutes les tendreffes de l'amour, des effufions de la joie aux tranfports de la fureur, de l'indifférence & du mépris affectés au défefpoir qui fe répand en plaintes & en reproches ; cette rage tantôt fourde & concentrée, & méditant tout bas toutes les horreurs

reurs des vengeances, tantôt forcenée & jettant
des éclats terribles? Èt ce fameux *Qui te l'a dit?*
quelle création que ce mot, le plus beau peut-
être que la paſſion ait jamais prononcé! Serait-il
permis de le comparer au *Qu'il mourût?* Celui-ci
eſt une ſaillie impétueuſe d'une ame vivement
frappée; l'autre, faiſant partie de la cataſtrophe,
commençant la punition d'Oreſte, & achevant
le caractere d'Hermione, eſt néceſſairement le
réſultat d'une connaiſſance approfondie des ré-
volutions du cœur humain.

Où Racine avait-il pris tant de beautés ſi
étonnantes & d'un ſi grand effet? Où exiſtait ce
genre de tragique? Les Anciens avaient connu
les grands tableaux, les ſituations, le naturel du
dialogue. L'Andromaque d'Euripide a des morceaux d'une ſimplicité touchante. Sophocle a déployé dans Philoctete l'éloquence du malheur &
de la vengeance. Mais les combats du cœur & les
orages des paſſions, où Racine les avait-il trou-
vés? dans la nature & dans lui-même.

Ne nous obſtinons point à nous faire illuſion;
n'attribuons point tous les mérites à la fois au
grand Corneille, qui a ſans doute aſſez des ſiens.
Ne cherchons point dans Corneille le germe de
Racine: il n'y eſt point. Je m'attends à tout ce

qu'on pourra dire. Je fais qu'on dira que l'éloge
de Racine ne devait point être la fatyre de Corneille. Non fans doute ; mais la juftice, la vérité
eft-elle une fatyre ? mais pour faire fentir tout
ce que Racine n'a dû qu'à lui-même , & tout ce
que nous ne devons qu'à Racine, ne fuis-je pas
forcé de rappeller tout ce qui a manqué à Corneille ? Oui, je fuis obligé de le dire, Corneille
n'a prefque jamais été le peintre (6) des paffions :
il était né avec beaucoup plus de force dans l'efprit, que de fenfibilité dans l'ame. C'eft cette
derniere qualité qui paraît prédominante dans
Racine , & qui caractérife fon talent. C'eft chez
lui que l'on trouve ce jugement fûr d'une ame
éclairée par le fentiment. C'eft lui qui fut marquer par des nuances fenfibles cette différence de
langage qui tient à la différence des fexes : il n'ôte
jamais aux femmes cette décence, cette modeftie,
cette délicateffe, ces formes plus douces & plus
touchantes, qui diftinguent & embelliffent l'expreffion de tous leurs fentiments, qui donnent tant
d'intérêt à leurs plaintes, tant de grace à leurs
douleurs, tant de pouvoir à leurs reproches, & qui
ne doivent jamais les abandonner, même dans les
moments où elles femblent le plus s'oublier.
Chez lui, le courage d'une femme n'eft jamais

faſtueux, ſa colere n'eſt jamais indécemment emportée, ſa grandeur n'eſt jamais trop mâle. Voyez Monime : combien elle garde de meſures avec Mithridate, lors même qu'elle refuſe abſolument de s'unir à lui, & qu'elle s'expoſe à la vengeance d'un homme qui n'a jamais ſu pardonner ! Voyez Iphigénie éclatant en reproches contre une rivale qu'elle croit préférée : comme elle eſt loin de profiter de tous les avantages qu'elle a d'ailleurs ſur Eriphile ! comme elle ſe garde même de l'avilir en l'accuſant ! & combien cette généroſité, qui n'échappe pas au ſpectateur, la rend plus attendriſſante !

Corneille paraît avoir ignoré ces nuances. Il a peu connu les femmes & la paſſion qu'elles connaiſſent le mieux, l'amour. Son caractere ne l'y portait pas. Le Cid, la ſeule de ſes pieces où l'amour produiſe quelque effet, bien plus par la ſituation que par les détails, le Cid, qui fut le premier fondement de ſa réputation, il l'avait pris aux Eſpagnols (7). Racine n'avait pris Andromaque à perſonne ; & quand il étala ſur la ſcene des peintures ſi ſavantes & ſi expreſſives de cette inépuiſable paſſion de l'amour, il ouvrit une ſource nouvelle & abondante pour la tragédie françaiſe. Cet art que Corneille avait établi

sur l'étonnement & l'admiration, & sur une nature souvent idéale, il le fonda sur une nature
vraie & sur la connaissance du cœur humain. Il
fut créateur à son tour, comme Corneille l'avait
été, avec cette différence, que l'édifice qu'a-
vait élevé l'un, frappait les yeux par des beautés
irrégulieres & une pompe informe, au lieu que
l'autre attachait les regards par ces belles pro-
portions & ces formes gracieuses que le goût fait
joindre à la majesté du génie.

Nous voici parvenus à la derniere espece de
création qui caractérise le talent original de Racine, & dont Andromaque fut encore l'époque ;
à celle qui lui est peut-être encore plus particuliere que toutes les autres, celle au moins que
ne lui disputent point ses plus aveugles détracteurs & les plus ardents enthousiastes de son rival. Il créa l'art du style tragique. Il en fut parmi
nous le premier modele, & le porta au dernier
degré de perfection. Il ouvrit la carriere, & posa
la limite. C'est un genre de gloire bien rare.

Corneille ne paraît pas avoir eu une juste idée
de tout le travail que demandent les vers. On
voit que ses plus beaux ne lui ont pas couté beaucoup de peine ; mais on voit aussi qu'il n'en a
pris aucune pour embellir par la tournure ce qui
ne peut pas briller par la pensée. Il a de grands

traits, mais il ne connaît pas les nuances, & c'eſt par les nuances qu'on excelle dans tous les arts d'imitation.

Racine eut le premier la ſcience du mot pro-pre, ſans laquelle il n'y a point d'Ecrivain. Son expreſſion eſt toujours ſi heureuſe & ſi naturelle, qu'il ne paraît pas qu'on ait pu en trouver une autre; & chaque mot de ſa phraſe eſt placé de maniere qu'il ne paraît pas qu'on ait pu le pla-cer autrement.

Le tiſſu de ſa diction eſt tel, qu'on n'y peut rien déplacer, rien ajouter, rien retrancher. C'eſt un tout qui ſemble éternel. Ses inexactitudes même, & il en a bien peu, ſont preſque tou-jours, lorſqu'on les conſidere de près, des ſacri-fices faits par le bon goût. Rien ne ſerait ſi diffi-cile que de refaire un vers de Racine.

Nul n'a enrichi notre langue d'un plus grand nombre de tournures; nul n'eſt hardi avec plus de bonheur & de prudence, ni métaphorique avec plus de grace & de juſteſſe. Nul n'a manié avec plus d'empire un idiome ſouvent rebelle, ni avec plus de dextérité un inſtrument toujours difficile. Nul n'a mieux connu la molleſſe du ſtyle, qui dérobe au Lecteur la fatigue du travail & les reſſorts de la compoſition. Nul n'a mieux en-tendu la période poétique, la variété des céſu-

B iij

res, les reſſources du rhythme, l'enchaînement
& la filiation des idées. Enfin, ſi l'on conſidere
que ſa perfection peut être oppoſée à la perfection de Virgile, & ſi l'on ſe ſouvient qu'il
parlait une langue moins flexible, moins poétique & moins harmonieuſe, on croira volontiers que Racine eſt celui de tous les hommes à
qui la Nature avait donné le plus grand talent
pour les vers.

Soyons donc juſtes, & rendons gloire à la vérité & au génie. Andromaque eſt le premier chef-
d'œuvre qui ait paru ſur la ſcene françaiſe. On
avait vu de belles ſcenes : on vit enfin une belle
tragédie. Eh! quel homme prodigieux que celui
qui à vingt-ſept ans a pu fixer une époque ſi glo-
rieuſe pour la France & pour lui!

Que le génie eſt brillant dans ſa naiſſance!
Quel éclat jettent ſes premiers rayons! C'eſt l'aſ-
tre du jour, qui, partant des bornes de l'horizon, inonde d'un jet de lumiere toute l'étendue des cieux. Quel œil n'en eſt pas ébloui,
& ne s'abaiſſe pas comme accablé de la clarté
qui l'aſſaillit? Quel homme, témoin de ce grand
réveil de la Nature, n'eſt pas ſaiſi de reſpect
& d'enthouſiaſme? Tel eſt le premier effet
du génie. Mais cette impreſſion ſi vive & ſi
prompte s'affaiblit par degrés. L'homme, revenu

de son premier étonnement , releve la vue , & ofe fixer d'un regard attentif ce que d'abord il n'avait admiré qu'en fe proſternant. Bientôt il s'accoutume & fe familiarife avec l'objet de fon refpect. Il en vient juſqu'à y chercher des défauts, juſqu'à en ſuppôfer même. Il ſemble qu'il ait à ſe venger d'une ſurprife faite à ſon jugement , ou d'une injure faite à ſon amour propre ; & le génie a tout le temps d'expier par de longs ou- trages ce moment de gloire & de triomphe que ne peut lui refuſer l'humanité qu'il ſubjugue en ſe montrant.

Ainſi fut traité l'Auteur d'Andromaque. On l'oppoſa d'abord à Corneille ; & c'était beaucoup, ſi l'on ſonge à cette admiration ſi juſte & ſi pro- fonde qu'avait dû inſpirer l'Auteur du Cid , des Horaces & de Cinna , demeuré juſqu'alors ſans rival, maître de la carriere , & entouré de ſes trophées.

Sans doute même les ennemis de ce grand hom- me virent avec plaiſir s'élever un jeune Poète qui allait partager la France & la Renommée. Mais auſſi combien une ſupériorité ſi décidée & ſi écla- tante dut jetter d'effroi parmi tous les aſpirants à la palme tragique ! Combien un ſuccès ſi rare à cet âge dut exciter de jalouſie , & humilier tout ce qui prétendait à la gloire ! A ce parti ſi nombreux des Ecrivains médiocres, qui, sans s'aimer d'ailleurs & sans être d'accord sur le reste, se réunissent toujours comme par instinct contre le talent qui les menace, se joignait cette espece d'enthousiastes qui avaient déclaré qu'on n'égalerait pas Corneille, & qui étaient bien résolus à ne pas souffrir que Racine osât les démentir. Ajoutez à tous ces intérêts qui lui étaient contraires, cette disposition secrete qui même au fond n'est pas injuste, & qui nous porte à proportionner la sévérité de notre jugement au mérite de l'homme qu'il faut juger. Voilà quels étaient les obstacles qui attendaient Racine après Andromaque ; & quand Britannicus parut, l'envie était sous les armes.

L'envie, cette passion si odieuse qu'on ne la plaint pas, toute malheureuse qu'elle est, ne se déchaîne nulle part avec plus de fureur que dans la lice du théâtre. C'est là, qu'elle rencontre le talent dans tout l'éclat de sa gloire, & c'est là sur-tout qu'elle aime à le combattre. C'est là, qu'elle l'attaque avec d'autant plus d'avantage, qu'elle peut cacher la main qui porte les coups. Confondue dans une foule tumultueuse, elle est dispensée de rougir : elle a d'ailleurs si peu de chose à faire ; l'illusion théâtrale est si frêle & si facile à troubler ; les jugements des hommes rasfemblés font dépendants de tant de circonftances, & tiennent quelquefois à des refforts fi faibles ; l'impreffion exagérée d'un défaut fe répand fi aifément fur les beautés qui le fuivent, que toutes les fois qu'il y a eu un parti contre un ouvrage de théâtre, le fuccès en a été troublé ou retardé. Les exemples ne me manqueraient pas fans doute. Mais quand je n'aurais à citer que Britannicus, n'en ferait-ce pas affez ?

Un des caracteres du vrai talent, & fur-tout du talent dramatique, eft de paffer d'un genre à un autre fans s'y trouver étranger, & d'être toujours le même fans fe reffembler jamais. Britannicus offrait un ordre de beautés qui n'était pas dans Andromaque. Boileau, & ce petit nombre d'hommes de goût qui juge & fe tait quand la multitude crie & fe trompe, apperçurent un progrès dans ce nouvel ouvrage. En effet, dans Andromaque, quelque admirable qu'elle foit, il y avait encore quelques traces de jeuneffe. Mais ici tout portait l'empreinte de la maturité, tout était mâle, tout était fini : c'était une conception forte & profonde, une exécution fure & fans aucune tache. Les ennemis de Racine, pour fe confoler du fuccès d'Andromaque, avaient dit que l'Auteur favait en effet traiter l'amour, mais que c'était là tout fon talent ; que d'ailleurs il ne fau-

rait jamais deſſiner des caracteres fiers & vigou-
reux, tels que ceux de Corneille, ni traiter comme lui la politique des Cours. Car telle eſt la
marche conſtante des préjugés : on ſe venge du
talent qu'a ſignalé un Ecrivain, en lui refuſant
celui qu'il n'a pas encore eſſayé. Burrhus, Agrippine, Narciſſe, & ſur-tout Néron, étaient une
terrible réponſe à ces préventions injuſtes : mais
cette réponſe ne fut pas d'abord entendue. Britannicus, qui réuniſſait l'art de Tacite & celui
de Virgile, était fait pour trop peu de ſpecta-
teurs (8). Quel homme que Burrhus qui ne prononce pas une ſeule ſentence ſur la vertu, mais
qui lui prête un langage aſſez touchant, pour en
faire ſentir tous les charmes même à Néron ! Et
ce Néron ! Quelle effrayante vérité dans la peinture de ce monſtre naiſſant ! Il n'y a pas un trait,
pas un coup de pinceau, qui ne ſoit d'un maître.
C'eſt une des productions les plus frappantes du
génie de Racine, & une de celles qui prouvent
que ce grand homme pouvait tout faire.

Eſprits éclairés, connaiſſeurs ſenſibles, pardon, ſi je m'étends un peu trop, peut-être, ſur ces
beautés que vous connaiſſez auſſi bien que moi.
Je n'ai ſans doute rien à vous apprendre ; mais
mon admiration m'entraîne, & vous l'excuſerez
ſans peine, parcequ'elle eſt égale à la vôtre. Mais

comment des beautés si vraies furent-elles d'abord si peu senties ! Indépendamment des inimitiés personnelles qui avaient pu nuire à l'Auteur, ne pourrait-on pas trouver dans la nature même de l'ouvrage les raisons de ce succès tardif que le temps seul a pu établir ? Cette recherche n'est point étrangere à la gloire de Racine, ni aux objets qui doivent nous occuper dans son éloge.

Il y a dans les ouvrages de l'esprit deux sortes de beautés. Les unes, tenant de plus près à la nature, & réveillant en nous ces premiers sentiments qu'elle nous a donnés, ont un effet aussi infaillible qu'universel, parcequ'il dépend ou de cette pitié naturelle placée dans le cœur humain pour l'adoucir & le rendre meilleur, ou bien de ce sentiment de sa grandeur, qui l'éleve à ses propres yeux, & le soumet par l'admiration au pouvoir de la vertu : telles sont les plus heureuses productions de l'art, celles qui par la force du sujet réussiraient même dans la main d'un homme médiocre ; & quand l'exécution en est digne, ce sont les chefs-d'œuvre de l'esprit humain. Telle est cette premiere espece de beautés dont tous les ouvrages de l'art ne sont pas également susceptibles. Les autres sont moins aimables, d'un effet moins sûr & moins étendu; beaucoup plus dépendantes du mérite de l'exécution, des combinaisons de l'art, & de la sagacité des juges : tels sont les ouvrages dont l'objet est plus éloigné de la classe la plus nombreuse des spectateurs, dont le but est plus détourné & plus réfléchi, dont l'intérêt nous est moins cher & nous attache sans nous transporter ; dont la morale développant de grandes & utiles vérités, & supposant des vues profondes, parle moins à la multitude, mais frappe les yeux des connaisseurs & les esprits distingués. Cette seconde espece de beautés demande plus de temps pour être apperçue & sentie, & differe sur-tout de la premiere, en ce que celle-ci est embrassée par le sentiment, au lieu que l'autre est admirée par la réflexion.

Britannicus était de ce dernier genre. Le crime & la vertu, représentés, l'un par Narcisse, l'autre par Burrhus, & se disputant l'ame de Néron, formaient un tableau sublime, mais qui devait d'abord échapper aux regards de la foule. Ce n'est qu'avec le temps qu'on a compris tout ce qu'il y avait d'admirable dans cette grande leçon dramatique donnée à tous les Souverains. Les ames douces & tendres (& c'est le plus grand nombre, car la faiblesse est l'attribut le plus général de

l'humanité), préféreront les peintures de l'amour.
Les efprits fages, les ames élevées aiment mieux
le quatrieme acte de Britannicus que des tragédies paffionnées, parcequ'elles préferent ce qui
éleve & agrandit l'homme, à ce qui le charme &
l'amollit.

Mais fi Britannicus était du nombre de ces ouvrages dont les beautés féveres ne font appréciées
qu'avec le temps, Bérénice, qui le fuivit, fe re-
commandait d'elle-même par celui de tous les
mérites dramatiques qui eft le plus difficilement
contefté, dont le triomphe eft le plus prompt &
le plus fûr, le don de faire verfer des larmes. Où
font ceux qui répetent, fans connaiffance & fans
réflexion, que le ton de Racine eft toujours le même (9); que tous fes fujets ont les mêmes cou-
leurs & les mêmes traits? Qu'ils nous difent ce
qu'il y a de reffemblance entre Britannicus & Bérénice! Quelle diftance de l'entretien de Néron
avec Narciffe, aux adieux de Bérénice & de fon
Amant! Et qui pourra décider dans laquelle de
ces deux compofitions fi différentes, Racine eft
le plus admirable? Comment peut-on, fans injuftice, méconnaître dans Andromaque, dans
Britannicus, dans Bérénice, la variété de vues,
de tons & de caracteres? Dira-t-on que l'a-
mour regne dans Bérénice comme il regne dans

Andromaque ? Ah ! c'eſt ici qu'il faut reconnaître le grand art où excellait l'Auteur de ſaiſir toutes les nuances qui rendent la paſſion ſi différente d'elle-même. Hermione & Bérénice aiment tou- tes deux, toutes deux ſont abandonnées. Mais que l'amour de Bérénice eſt loin de l'amour d'Her- mione ! Racine avait déployé dans celle-ci tout ce que la paſſion a de plus violent, de plus fu- neſte, de plus terrible : il développe dans l'autre tout ce que cette même paſſion a de plus tendre, de plus délicat, de plus pénétrant. Dans Her- mione il fait frémir, dans Bérénice il fait pleu- rer. Eſt-ce là ſe reſſembler ? Oui ſans doute, Ra- cine a dans toutes ſes tragédies un trait de reſ- ſemblance, une maniere qui le caractériſe ; & cette maniere, c'eſt la perfection.

Je ne conſidere pas ici la prodigieuſe difficulté de tirer cinq actes d'un ſujet qui n'offrait qu'une ſcene ; de faire une tragédie de ce qui paraiſſait devoir n'être qu'une élégie. Mais comment parler de Bérénice, ſans admirer encore cette élo- quence ſi touchante & ſi inépuiſable, cette dic- tion ſi flexible & ſi mélodieuſe, qui exerce tant d'empire ſur les cœurs & ſur les ſens ? Combien la Cour de Louis XIV, cette Cour polie, bril- lante & voluptueuſe, devait goûter ce langage enchanteur qu'on n'avait point encore entendu !

Beautés à jamais célebres, dont les noms sont placés dans notre mémoire à côté des Héros de ce siecle fameux, combien vous deviez aimer Racine ! combien vous deviez chérir l'Ecrivain qui paraissait avoir étudié son art dans votre cœur, qui semblait être dans le secret de vos faiblesses ; qui vous entretenait de vos penchants, de vos douleurs, de vos plaisirs, en vers aussi doux que la voix de la beauté quand elle prononce l'aveu de la tendresse ! Ames sensibles & presque toujours malheureuses, qui avez un besoin continuel d'émotion & d'attendrissement, c'est Racine qui est votre Poète, & qui le sera toujours : c'est lui qui reproduit en vous toutes les impressions dont vous aimez à vous nourrir : c'est lui dont l'imagination répond toujours à la vôtre ; qui peut en suivre l'activité & les mouvements, en remplir l'avidité insatiable : c'est avec lui que vous aimerez à pleurer : c'est à vous qu'il a confié le dépôt de sa gloire ; & vous la défendrez sans doute pour prix des larmes qu'il vous fait répandre.

Loin de moi cet odieux dessein d'établir le triomphe d'un grand homme sur l'abaissement de son rival, ni de faire souvenir qu'il existe une autre Bérénice que celle de l'inimitable Racine. Que ne puis-je le faire ou-

blier! Mettre ici les deux rivaux en concurrence, ce ferait faire injure à tous les deux. Ou-
blions que Corneille ait pu méconnaître à ce point
le caractere de son talent. Pourquoi faut-il que le
génie transmette ses fautes aux générations futu-
res? Que ces fautes soient, si l'on veut, pendant
qu'il existe parmi nous, l'aliment de la jalousie &
le tribut de l'humanité. Mais que la mort en le
frappant emporte avec lui tout ce qui doit mourir; qu'elle ne lui laisse que ce qui doit vivre; &
que sortant de ses cendres il paraisse devant la
postérité, comme Hercule, s'élevant de son bû-
cher, parut dans l'Olympe, ayant dépouillé tout
ce qu'il avait de mortel.

Racine avait lutté dans Bérénice contre un sujet qu'il n'avait pas choisi, & il était sorti triom-
phant de cette épreuve si dangereuse pour le talent qui veut toujours être libre dans sa marche,
& se tracer à lui-même la route qu'il doit tenir.
Bajazet fut un ouvrage de son choix. Les mœurs
nouvelles pour nous d'une nation avec qui nous
avions eu long-temps aussi peu de commerce,
que si la Nature l'eût placée à l'extrémité du glo-
be; la politique sanglante du Serrail, la servile
existence d'un peuple innombrable enfermé dans
cette prison du despotisme; les passions des Sul-
tanes qui s'expliquent le poignard à la main, &

qui

qui font toujours près du crime & du meurtre, parcequ'elles font toujours près du danger ; le caractere & les intérêts des Vifirs qui fe hâtent d'être les inftruments d'une révolution, de peur d'en être les victimes ; l'inconftance ordinaire des Orientaux, & cette fervitude menaçante qui rampe aux pieds d'un Defpote, & s'éleve tout-à-coup des marches du Trône pour le frapper & le renverfer : voilà le tableau abfolument neuf qui s'offrait au pinceau de Racine ; à ce même pinceau, qui avait fi fupérieurement crayonné la Cour de Néron ; qui dans Monime & dans Iphigénie traça depuis avec tant de vé-rité la modeftie, la retenue, le refpect filial que l'éducation infpirait aux filles Grecques ; qui dans Athalie nous montra les effets de la Théo-cratie fur ce peuple fanatique, toujours conduit par des prodiges, ou égaré par des fuperftitions. C'eft là fans doute pofféder la fcience des cou-leurs locales, & l'art de marquer tous les fujets d'une teinte particuliere qui avertit toujours le fpectateur du lieu où le tranfporte l'illufion dra-matique (10).

Qu'y a-t-il, par exemple, dans le rôle d'Aco-mat, que ce Vifir n'ait pu dire dans le Serrail ? Que l'empreinte de ce rôle eft mâle & vigou-reufe ! qu'on y reconnaît le vieux guerrier, qui

C

voudrait, s'il était poffible, n'employer que des armes pour la révolution qu'il médite, mais qui, réduit à defcendre jufqu'à l'intrigue, fe fert habilement des paffions mêmes qu'il méprife! Qu'il était beau d'ofer introduire un pareil perfonnage, parlant de l'amour avec le plus grand dédain, à côté de cette Roxane qui en a toutes les fureurs! Acomat ne peut-il pas être oppofé aux plus grands caracteres de Corneille? Quel ftyle! que d'énergie fans morgue & fans roideur! que d'élévation fans emphafe! que de vraie politique fans affectation de politique! Et dans Mithridate, quel art d'ennoblir les faibleffes d'une grande ame, & de répandre de l'intérêt fur un vieillard malheureux, occupé de vengeance & de haine, allant malgré lui chercher des confolations dans l'amour qui met le comble à tous fes maux!

Ofons cependant l'avouer (car la vérité, qui eft toujours facrée, doit l'être fur-tout dans l'éloge d'un grand homme; elle tient de fi près à fa gloire, qu'on ne peut altérer l'une fans bleffer l'autre), avouons-le; foit que le fuccès des ouvrages de théâtre dépende effentiellement du choix des fujets; foit que le prémier élan du génie foit quelquefois fi rapide & fi élevé, que lui-même ait enfuite beaucoup de peine, de la hauteur où il est parvenu d'abord, à prendre encore un vol plus haut & plus hardi ; quoi qu'il en soit, depuis Andromaque, Racine offrant dans chacun de ses drames une création nouvelle & de nouvelles beautés, n'avait encore rien produit qui fût dans son ensemble supérieur à cet heureux coup d'essai. Il était dans cet âge où l'homme joint au feu de la jeunesse, qui n'est pas encore amorti, toute la force de la maturité, les avantages de la réflexion, & les richesses de l'expérience. Un ami sévere à contenter, des ennemis à confondre, des envieux à punir, étaient autant d'aiguillons qui animaient son courage & ses travaux. Le moment des grands efforts était venu, & l'on vit éclore successivement deux chefs-d'œuvre, qui, en élevant Racine au-dessus de lui-même, devaient achever sa gloire, la défaite de l'envie, & le triomphe de la scene française. L'un était Iphigénie, le modele de l'action dramatique la plus belle dans sa contexture & dans toutes ses parties ; l'autre était Phedre, le plus éloquent morceau de passion que les Modernes puissent opposer à la Didon de l'inimitable Virgile.

Comment louer de pareils ouvrages, sans redire faiblement ce qui a été si bien senti par tous les esprits éclairés ? Quel tribut stérile, quel fai-

ble retour, que les louanges pour toutes ces impreſſions ſi vives, ſi variées, ces frémiſſements,
ces tranſports qu'excitent en nous ces productions
du premier des arts ! Pour en voir tous les effets,
c'eſt au théâtre qu'il faut ſe tranſporter ; c'eſt là
qu'il faut voir les tendres pleurs d'Iphigénie, les
larmes jalouſes d'Eriphile, & les combats d'Agamemnon ; c'eſt là qu'il faut entendre les cris ſi
douloureux & ſi déchirants des entrailles mater-
nelles de Clytemneſtre ; c'eſt là qu'il faut contem-
ler d'un côté le Roi des Rois, de l'autre Achille,
ces deux Grandeurs en préſence, prêtes à ſe heur-
ter, le fer prêt à étinceler dans les mains du
Guerrier, & la majeſté royale ſur le front du Souverain : & quand vous aurez vu la foule immo-
bile & en ſilence, attentive à ce grand ſpectacle,
ſuſpendue à tous les reſſorts que l'art fait mouvoir ſur la ſcene ; quand vous aurez entendu de
ce ſilence univerſel ſortir tout-à-coup les ſanglots de l'attendriſſement, ou les cris de la terreur ; alors, ſi vous vous méfiez des ſurpriſes faites à vos ſens & à votre ame par le preſtige de
l'optique théâtrale, revenez à vous-même dans
la ſolitude du cabinet ; interrogez votre raiſon
& votre goût, demandez-leur s'ils peuvent appeller des impreſſions que vous avez éprouvées,
ſi la réflexion condamne ce qui a ému votre ima-

gination , fi retournant au même fpectacle vous
y porteriez des objections & des fcrupules ; &
vous verrez que tout ce que vous avez fenti n'é-
tait pas de ces illufions paffageres qu'un talent
médiocre peut produire avec une fituation heureufe & la pantomime des Acteurs, mais un effet
néceflaire & infaillible, fondé fur une étude ré-
fléchie de la nature & du cœur humain ; effet qui
doit être à jamais le même , & qui loin de s'af-
faiblir augmentera dans vous à mefure que vous
le confidérerez de plus près. Vous vous écrie-
rez alors dans votre jufte admiration : Quel art
que celui qui me domine fi impérieufement que
je ne puis y réfifter fans démentir mon propre
cœur ; qui force ma raifon même d'approuver
des fictions qui m'arrachent à elle ; qui avec des
douleurs feintes, exprimées dans un langage harmonieux & cadencé, m'émeut autant que les gé-
miffements d'un malheur réel ; qui fait couler,
pour des infortunes imaginaires , ces larmes que
la Nature m'avait données pour des infortunes
véritables, & me procure une fi douce épreuve
de cette fenfibilité dont l'exercice eft fouvent fi
amer & fi cruel !

Mais plus cet art a d'éclat & de fupériorité ,
plus il doit avoir de jaloux & de détracteurs. L'envie ne hait que ce qui eft aimable. Furieufe , fur-

C iij

tout lorfqu'elle eft impuiffante, elle avait vu le grand fuccès de Bérénice fans pouvoir le troubler que par des farcafmes méprifés & des fatyres inutiles. Celui d'Iphigénie avait mis le comble à fes douleurs. Tant de fois vaincue, elle raffembla toutes fes forces pour écrafer la tragédie de Phedre.

On aurait honte de rappeller ici les reflorts odieux que l'on fit jouer, les manœuvres abjectes que l'on employa. L'hiftoire des baffeffes eft dégoûtante (11), elle répugne à la main qui trace l'hiftoire du génie. Et ne fuffit-il pas qu'on fe fouvienne que pendant un moment Pradon parut triompher de Racine ? Ce moment fut court ; mâis qu'il dut être cruel pour le grand homme que l'on outrageait ! & qu'il était honteux pour la nation que l'on rendait complice de cet outrage ! Que la haine était habile d'appeller la médiocrité pour l'oppofer au talent ! qu'elle favait bien que de tous les affronts le plus fenfible pour un homme fupérieur, eft de le faire rougir d'un indigne rival ! Triomphez, barbares, vous avez vaincu. Il eft vrai que vous n'avez pas pu aveugler long-temps les hommes fur leurs plaifirs ; les deux Phedres n'ont pu long-temps être en concurrence ; toutes deux font bientôt à leur place. Mais la bleffure que vous avez faite au cœur de l'Ecrivain fenfible, n'en eft pas moins douloureufe ; la trace en eft profonde & fanglante. Triomphez, vous dis-je, hommes lâches & cruels : votre victoire eft plus grande que vous ne l'avez cru ; vous ne vouliez peut-être qu'humilier le talent, & vous l'avez découragé, vous l'avez abattu. Il fort vainqueur de la lice, mais il n'y rentrera plus ; il vous cede, vous n'entendrez plus fa voix. Sa voix qui enchantait la France, ne bleffera plus vos oreilles par de nouveaux accents ; & peut-être allez-vous lui pardonner fa gloire, quand il ceffera de l'augmenter.

Sa gloire ! eft-il bien poffible qu'il l'oublie ? Quoi ! ce fentiment fi cher & fi noble peut-il s'éteindre dans fon ame ? Cet efprit agiffant & créateur peut-il fe commander le repos ? Hélas ! il eft trop vrai, & cet exemple ne le prouve que trop. Oui, fans doute, dût cet aveu donner à la médiocrité jaloufe des efpérances confolantes, oui, le génie peut quelquefois s'arrêter au milieu de fa courfe. Il eft des moments où l'ame la plus courageufe peut être fatiguée d'un combat qui ne laiffe aucun efpoir de paix que dans la pouffiere du tombeau : quoique sûre de fes forces, elle peut être laffe de les exercer : elle s'indigne de l'injuftice ; elle eft révoltée des injures atroces de la calomnie, des menaces de la perfé-

cution, & de l'infolence de la haine. Alors, fans
doute , elle peut fe retourner vers le repos qui
lui tend les bras : elle peut fe laiffer féduire par
le bonheur qu'il promet. , ... Ne t'y
livre pas , ô grand homme ! n'en crois pas un
dépit qui te trompe & ne te venge pas. Ne laiffe
pas le champ libre à tes ennemis. Ne vois-tu pas
qu'ils font tourmentés du fentiment de ta force
& de celui de leur faibleffe ? qu'ils s'obftinent
en vain à nier le talent qui les accable & les dé-
fefpere , comme les Stoïciens niaient la douleur
qui leur donnait des convulfions ? Ne vois-tu pas
que les ferpents que l'envie jette fur ton paffage ,
expirent à chaque pas que tu fais , tandis que
ceux qu'elle porte dans fon fein la rongent éter-
nellement ? Avance fans rien craindre ; & fi ta
route eft femée d'obftacles , fonge qu'il n'en eft
point d'autre pour toi. Songe que la prédilection
marquée de la Nature pour les hommes qu'elle
a créés fupérieurs aux autres , ne va pas jufqu'à
leur prodiguer fes plus beaux dons , fans les leur
faire acheter. Accepte fes préfents & ton fardeau , & garde que la poftérité ne te reproche
d'être refté au-deffous de tes deftinées.

Mais ferait-ce donc à Racine qu'il faut adref-
fer des reproches ? N'eft-ce pas plutôt à fes im-
placables ennemis ? Ne doit-on pas le plaindre ,

plutôt que le condamner ? Que dis-je ? c'est nous
sur-tout qu'il faut plaindre. Il avait assez fait
pour sa gloire, mais que ne pouvait-il pas faire
encore pour nos plaisirs ? Neuf ans lui avaient suffi
pour produire tant de chefs-d'œuvre. Il en passa
douze dans l'inaction. Quelle perte pour les Lettres, pour le Théâtre, pour la Nation, pour les
ames sensibles ! Voilà ce qu'a fait l'envie, & on
l'encourage !

Qui retirera le grand Racine de l'oisiveté où il
s'endort ? Qui lui fera reprendre la plume, comme Achille reprit autrefois ses armes ? Sont-ce
les conseils & les exhortations de Despréaux ?
Sera-ce l'impérieux besoin d'une imagination active, qui se consume elle-même, & qui cherche
à se répandre au dehors ? ou ce retour secret,
cette invincible pente qui ramene toujours vers
la gloire ceux qui l'ont une fois connue ? Non,
c'est pour complaire à la Protectrice de Saint-Cyr
qui veut amuser des enfants, que Racine va cou-
ronner ses travaux par l'ouvrage le plus parfait
dont se glorifie l'esprit humain, & dont s'ho-
nore la Langue Française.

On voit bien que je veux parler d'Athalie :
(car je ne dis rien d'Esther, dont le sujet trompa
Racine & fit illusion à la Cour, mais que la postérité, en admirant les détails du style, a retran-

chée du nombre des tragédies.) 'O fragilité des
jugements ! ô néant de la gloire & de la renommée ! Eſther enchante la Cour de Louis XIV ,
cette Cour ſi éclairée & ſi judicieuſe : & Athalie !. . . . . . & Athalie !. . . . . . Eh ! quoi ? l'é-
loge du talent n'eſt-il donc jamais que le récit des
injuſtices ? Nous nous plaignions tout à l'heure
du ſort de Phedre ; faut-il encore déplorer une
injure plus cruelle & plus durable ? Hélas ! il ne
la vit pas réparée : il vit le plus beau de ſes ouvrages en butte au mépris & au ridicule, & il n'a
pas vu l'admiration que ce même ouvrage inſpire
aujourd'hui ; & quand il s'eſt endormi dans le ſilence de la tombe , alors s'eſt élevée l'inutile voix
de la vérité qu'il n'entend plus.

Il y a quarante ans que le ſucceſſeur & le véritable rival de Racine a nommé Athalie le chef-
d'œuvre de la ſcene (12). Qu'ajouter à cet éloge
généralement adopté ? Qui eſt-ce qui ne rend pas
juſtice à ce grand effort de l'art dramatique ? Qui
peut méconnaître cette création majeſtueuſe ,
cette ſimplicité touchante & ſublime, cette diction céleſte qui ſemble inſpirée par la Divinité ?
C'eſt là qu'à l'exemple de Sophocle qui ſe montra
dans les chœurs l'égal de Pindare , Racine paſſe
avec tant de facilité & de bonheur à un genre de
compoſition qui dans notre langue ſur-tout eſt

infiniment éloigné du ftyle de la fcene ; c'eft dans les chœurs d'Athalie , ainfi que dans ceux d'Efther , qu'il donne à notre idiome poétique plus de pompe, d'harmonie, d'onction, de douceur & de variété qu'il n'en eut jamais ; & que fait pour être en tout un modele, il nous laiffe les monuments les plus beaux de la vraie poéfie lyrique (13).

Ainfi cet excellent efprit femblait né pour tout ce qu'il voulait faire. Sa Comédie des Plaideurs obtint le fuffrage de Moliere, & en était digne. Ses Epigrammes (car il en fit, quoiqu'il fût honnête & vertueux, & l'on peut fe moquer des fots, quand ils font méchants, précifément parceque l'on n'eft ni l un ni l'autre) , fes Epigrammes, pleines de fel & de fineffe, font encore remarquables par l'élégance & la pureté de ftyle dans un genre où l'on a cru fouvent pouvoir s'en difpenfer. Ses Lettres contre Port-Royal peuvent être mifes à côté des meilleures provinciales. Nous avons perdu ce qu'il avoit écrit fur l'hiftoire, mais il a prouvé dans un Difcours Académique qu'il aurait pu exceller dans la profe.

Tant de talents, en bleffant les yeux de l'envie, attirerent ceux d'un Roi qui ne la croyait pas. Racine reçut de Louis XIV & de fon digne Miniftre Colbert, des récompenfes & des honneurs. Il dut à la libéralité de ce Monarque une aifance qu'il eft plus beau peut-être de ne devoir qu'à fon travail, mais qu'il eft doux d'obtenir de la renommée, de fes talents & de la bienveillance d'un grand Prince. Hiftoriographe de France & Gentilhomme ordinaire, ces deux charges qui l'approchaient du Roi lui valurent des diftinctions perfonnelles, plus flatteufes que les préfents & les titres. L'entretien de Louis XIV n'était pas pour un fujet la moindre des récompenfes, & tant d'avantages devaient confoler Racine, fi quelque chofe peut confoler un Ecrivain du malheur de voir fes plus beaux ouvrages méconnus.

Il éprouva de bien des manieres le danger d'être fenfible. Il n'avoit pu réfifter à l'impreffion que faifait fur lui l'injuftice de fes détracteurs, & il condamna fon génie au filence : il n'avoit pu réfifter à la pitié que lui infpirait la mifere des Peuples, & quand il en eut tracé le tableau qui affligea Louis XIV, il ne réfifta pas non plus au chagrin de la difgrace. On croit qu'elle hâta la fin de fes jours. Ainfi le talent & la vertu troublerent fa vie & en avancerent les derniers moments. Tel eft fouvent l'effet de l'un & de l'autre; & cependant qui pourrait fe réfoudre à ne pas aimer le talent & la vertu !

On l'accufe de faibleffe, pour s'être montré

fenfible aux critiques injuftes & au mécontente-
ment de fon Maître. Mais quant au premier reproche, on ne fonge pas affez combien il eft dur,
après les facrifices que la culture des lettres exige
de l'homme né pour elles & qui les préfere à tout,
de ne pas trouver dans toutes les ames la récompenfe qu'il trouve dans la fienne. Quant au fecond reproche, que l'on fe fouvienne que Louis
XIV, qui mettait tant de graces dans fes actions
& dans fes paroles, avoit le précieux talent de fe
faire aimer de ceux qu'il obligeait; que l'on fonge
qu'il eft bien naturel de chérir fon bienfaiteur,
quoique ce bienfaiteur foit un Roi, & l'on fen-
tira que la douleur de lui avoir déplu était d'autant plus louable dans un fujet, que c'était le
Monarque qui avait tort.

L'ame de Racine étoit douce & tendre comme
fes écrits, ouverte & noble comme fa phyfiono-
mie. On lui a reproché cette vivacité dans la dif-
pute qui tient à une humeur franche & à une
conception prompte, & cette févérité de jugement qui eft la fuite d'un goût exquis. Courtifan
délicat fans être vil, il était mieux à la Cour que
Boileau, parcequ'il avait de la flexibilité & des
graces, que Boileau n'avoit pas. Bon pere & bon
mari, le commerce & les careffes des grands ne
le dégoûterent jamais des douceurs de la fociété.

domeftique toujours cheres à une ame bien née;
Il s'occupait de l'éducation de fes enfants en
homme qui connaît fes devoirs & qui les aime ;
& avec quel plaifir on voit dans fes lettres l'Auteur de Phedre & d'Athalie defcendre aux derniers détails de la follicitude paternelle !

Incapable de jaloufie (& de qui auroit-il été
jaloux ?) on ne peut lui reprocher aucun mot fa-
tyrique contre le mérite reconnu, éloge que l'on
voudrait pouvoir faire de Defpréaux. Il jetta quelquefois du ridicule fur les Ecrivains qu'on lui
oppofait ; mais s'il les combattait avec des plai-
fanteries, il leur laiffait les cabales & les intrigues. Il rendait juftice au mérite de Corneille
fans lui porter envie ; Corneille ne rendait pas
juftice au fien. Corneille était-il jaloux !

On les a tant de fois comparés, & ce parallele
eft fi fécond, que peut-être l'attend-on du Pané-
gyrifte de Racine. Mais fi je n'avais pas mis le
Lecteur à portée de le faire lui-même, j'aurais
bien mal réuffi. Ce parallele doit être le réfultat des idées que j'ai développées. Corneille
dut avoir pour lui la voix de fon fiecle dont
il était le créateur ; Racine doit avoir celle de la
poftérité dont il eft à jamais le modele (14). Les
ouvrages de l'un ont dû perdre beaucoup avec le
temps, fans que fa gloire perfonnelle doive en

fouffrir ; le mérite des ouvrages du fecond doit croître & s'agrandir dans les fiecles avec fa renommée & nos lumieres. Peut-être les uns & les autres ne doivent point être mis dans la balance : un mêlange de beautés & de défauts ne peut entrer en comparaifon avec des productions achevées qui réuniffent tous les genres de beautés dans le plus éminent degré, fans autres défauts que ces taches légeres qui avertiffent que l'Auteur était homme. Quant au mérite perfonnel, la différence des époques peut le rapprocher malgré la différence des ouvrages ; & fi l'imagination veut s'amufer à chercher des titres de préférence pour l'un ou pour l'autre, que l'on examine lequel vaut le mieux d'avoir été le premier génie qui ait brillé après la longue nuit des fiecles barbares, ou d'avoir été le plus beau génie du fiecle le plus éclairé de tous les fiecles.

Le dirai-je ? Corneille me paraît reffembler à ces Titans audacieux qui tombent fous les montagnes qu'ils ont entaffées. Racine me paraît le véritable Promethée qui a ravi le feu des Cieux (15).

Mais pourquoi des efprits fi diftingués, les Sévigné, les Deshoulieres, les Saint - Evremond, les Nevers, répétaient - ils fans ceffe qu'il fallait bien fe garder de rien comparer à Corneille ? C'eft qu'on ne veut point revenir

fur fes pas ; qu'on tient à fes erreurs par amour
propre ; qu'après avoir décidé qu'un Auteur a
feul atteint les bornes de fon art, il en coûte d'a-
vouer qu'un autre les a reculées bien plus loin ;
que c'eft bien affez d'avoir un grand homme à admirer, & qu'il paraît un peu pénible d'en admirer
encore un autre fur lequel on n'a pas compté ;
qu'en général dans tous les arts on adopte d'abord
un maître, à qui l'on veut bien prodiguer toutes
les louanges, pourvu qu'on foit difpenfé d'en
accorder aucune à tous les autres : c'eft qu'il eft
beaucoup de juges de certains traits de force &
de grandeur, & qu'il en eft peu de la perfection ;
que les beautés étincelent davantage dans une
multitude de défauts, font plus vivement fenties
& plus aifément pardonnées ; au lieu que la perfection continue, procurant un plaifir égal, paraît naturelle & fimple, charme fans étonner,
& a pour ennemis fecrets ceux qui, pouvant
l'apprécier mieux que les autres, ont plus d'intérêt à la rabaiffer.

Pourquoi enfin aujourd'hui exifte-t-il une fecte
de Littérateurs qui font profeffion de regarder
Racine comme un Ecrivain élégant, mais non pas
comme un homme de génie ? C'eft qu'ils font à-
peu-près furs de ne pas écrire comme lui, parceque l'examen du ftyle peut être porté à un

certain

certain degré d'évidence ; au lieu qu'ils n'ont pas renoncé au génie que chacun définit à sa maniere, & auquel tout le monde a des prétentions. Pourquoi ces mêmes hommes affectent-ils pour Corneille un enthousiasme qu'ils ne sentent pas ? pourquoi les entend-on crier au blasphême dès qu'on releve ses défauts ? Ce n'est pas que sa gloire leur soit infiniment chere, mais ses défauts leur sont précieux. Ses défauts les rapprochent de lui : par où se rapprocher de Racine ? Quand on a lu une belle page de Corneille, la page suivante peut consoler : comment se consoler de Racine ? comment pardonner cette désespérante perfection ? Et qu'on doit avoir d'ennemis quand il est si difficile d'avoir des rivaux !

O mes concitoyens ! ne vous opposez point à votre gloire, en vous opposant à celle de Racine. L'éloge de ce grand homme doit vous être cher, & peut-être n'est-il pas inutile. Les barbares approchent, l'invasion vous menace : songez que les déclamateurs (16) en vers & en prose ont succédé jadis chez les Latins aux poètes & aux orateurs. Retardez du moins parmi vous, s'il est possible, cette inévitable révolution. Joignez-vous aux disciples du bon siecle pour arrêter le torrent : encouragez l'étude des Anciens qui seule peut conserver parmi vous le feu sacré

prêt à s'éteindre. N'en croyez pas fur-tout ces efprits impérieux & exaltés qui trouvent la littérature du dernier fiecle timide & pufillanime ;
qui, fous prétexte de nous délivrer de ces utiles
entraves qui ne donnent que plus de reffort aux
talents & plus de mérite aux beaux arts, ne fon-
gent qu'à fe délivrer eux-mêmes des regles du
bon fens qui les importunent. Ne les croyez pas
ceux qui veulent être Poètes fans faire de vers,
& grands hommes fans favoir écrire : ne voyez-
vous pas que leur efprit n'eft qu'impuiffance,
& qu'ils voudraient mettre les fyftêmes à la place
des talents ? Ne les croyez pas ceux qui vantent
fans ceffe la nature brute ; ils portent envie à la
nature perfectionnée : ceux qui regrettent les
beautés du chaos ; vous avez fous vos yeux les
beautés de la création : ceux qui préferent un
mot fublime de Shakefpear aux vers de Phedre
& de Mérope ; Shakefpear eft trop fouvent le
Poète du peuple, Phedre & Mérope font les
délices des hommes inftruits : ceux qui relevent
avec enthoufiafme le mérite médiocre de faire
verfer quelques larmes dans un Roman ; il eft un
peu plus beau d'en faire couler à la premiere
fcene d'Iphigénie : ceux qui juftifient l'invrai-
femblable, l'outré, le gigantefque, fous prétexte qu'ils ont produit quelquefois un effet paf-

fager, & qu'ils peuvent étonner un moment ;
malheur à qui ne cherche qu'à étonner, car on
n'étonne pas deux fois. O mes concitoyens ! je
vous en conjure encore, méfiez-vous de ces Lé-
gislateurs enthoufiaftes : oppofez-leur toujours
les Anciens & Racine : oppofez-leur ce grand
axiome de fon digne ami, ce principe qui paraît
fi fimple & qui eft fi fécond, Rien n'est beau
que le vrai. Et fi vous voulez avoir fans ceffe
fous les yeux des exemples de ce *beau* & de ce
vrai, relifez fans ceffe Racine.

Hélas ! la colonne de ce fiecle, celle fur laquelle il s'appuyait pour regarder avec affurance
le fiecle précédent, ne peut pas toujours réfifter
aux années ; celui qui pendant quarante ans ren-
dit à Racine une fi éclatante juftice, parcequ'il
étoit le feul qui dût n'en être pas épouvanté ; ce
grand tragique qui à ce titre fera feul mis dans la
balance avec Racine, & que tant de titres de
gloire, que lui feul a réunis, mettront d'ailleurs
hors de toute comparaifon ; cet homme à qui l'on
refufa fi long-temps fa place, parcequ'il mettait
les autres à la leur, & qui n'a dû qu'à fes longues
années cet avantage que n'eut pas Racine, de fe
voir enfin à fon rang ; Voltaire préfide encore au
goût & aux beaux arts. Qui en fera l'arbitre & la
lumiere après lui ? Vous avez élevé un trophée à

fa gloire : faites plus, élevez à fes côtés le trophée
de Racine. Réuniffez dans les mêmes honneurs
ces deux hommes trop grands pour que la nature
ait pû les réunir dans un même fiecle ; & mettez
fur leurs ftatues cette infcription qui les caractérife & qui fera la leçon de tous les âges, le BEAU
& le VRAI.

F I N.

NOTES
SUR L'ÉLOGE
DE RACINE.

(1) L'ACADÉMIE françaife & le Théâtre font les deux feuls endroits où les Écrivains reçoivent des honneurs publics. Mais il s'en faut bien que ces deux Scenes de gloire foient en ce genre ce qu'elles pourraient être. Les Affemblées de l'Académie dans une très petite Salle, où la plupart des Affiftants font debout & mal à leur aife, ne font, à proprement parler, qu'un rendez-vous de gens de lettres & d'amateurs, qui ne peuvent pas repréfenter la nation ; & la nation devrait être juge & fpectatrice des honneurs rendus au génie. On a couronné à l'Académie françaife, fur-tout depuis dix ou douze ans, des ouvrages qui auraient mérité plus de concours & d'appareil. Je fais bien que ce n'eft pas la peine d'affembler toute la France pour entendre une piece de deux cents vers, fouvent médiocre. Mais les fujets d'éloquence font des morceaux plus importants : & qui empêche que ceux de Poéfie ne le deviennent ? Pourquoi ne couronnerait-on pas des ouvrages beaucoup plus étendus & plus intéreffants ? Il faudroit fans doute proportionner la récompenfe au travail ; il faudrait que le prix ne fût pas une chétive fondation d'un Particulier, mais un préfent digne de la magnificence du Souverain. Alors, peut-être imaginerait-on d'élever un Lycée pour les Affemblées de la Littérature, qui pût contenir les trois

D iij

ou quatre mille perſonnes qui s'en occupent dans la Capitale ; & les Arts auraient un Hôtel comme la Monnoie , les Fermes , &c.

Quant au Théâtre (arène qui doit être encore plus brillante), tant que du milieu d'une poignée d'hommes indécemment entaſſés les uns ſur les autres , il pourra s'élever une douzaine de voix qui appellent avec des cris impérieux un Auteur dont on veut s'amuſer un moment pour ſe dédommager d'avoir écouté ſa Piece ; tant qu'on fera venir ſur le bord du théâtre , par forme de plaiſanterie , un homme dont l'ouvrage diſparaîtra pour jamais au bout de huit jours , les lettres ſeront bien plus avilies au théâtre qu'elles n'y ſeront honorées.

Les repréſentations dramatiques n'auront de la décence & de la dignité , les jugements publics n'auront une expreſſion marquée & inconteſtable , que quand tous les Spectateurs ſeront aſſis. Cette vérité eſt ſi évidente , qu'on ne peut s'y refuſer que par des intérêts particuliers qui ſervent encore à la démontrer. Il eſt certain que les cabales & les partis ſe cachent aiſément dans une foule qui ſe tient debout & en tumulte , & ſeraient à découvert dans une aſſemblée tranquille d'hommes aſſis. Alors , chaque perſonne eſt en vue à toutes les autres , & craint de déshonorer ſon caractere & ſon jugement. Alors , le Parterre ne ferait plus un champ de bataille où chaque parti ſe diſtribue par pelotons , & l'on ne dirait plus à ceux qui arrivent (comme M. de Voltaire l'a imprimé en dernier lieu) : *Venez-vous pour applaudir ? mettez-vous là. Venez-vous pour ſiffler ? mettez-vous ici.* On ne dirait plus : nous ferons tomber celui-ci ; nous ferons réuſſir celui-là. Si les Spectateurs avaient été aſſis, on n'aurait pas fait tomber la Phedre de Racine, & Racine n'aurait pas été perdu pour la France & pour le théâtre pendant dix-huit ans. On n'aurait pas fait tomber Adélaïde, cette même Adélaïde applaudie avec tranſport trente ans après, ſans qu'on y ait changé un vers.

On parle de bâtir une nouvelle Salle pour la Comédie françaiſe. Sans doute on fera diſparaître ce reſte de barbarie qui déshonore le théâtre & la nation. On cédera aux vœux & aux réflexions de tous les hommes qui penſent. Alors, pour obtenir même un ſuccès paſſager, il faudra du moins avoir ce degré de mérite qui, joint à la nouveauté, peut ſoutenir un ouvrage quelque temps; & l'on ne ſera pas à-peu-près ſûr avec cinquante billets de vingt ſols diſtribués à la Jeuneſſe des Cafés, & cette bienveillance générale accordée à la médiocrité qui n'a point d'ennemis, de faire jouer ſept ou huit fois de mépriſables rapſodies qu'un certain nombre de perſonnes qui ſe ſuccedent va voir pendant quinze jours, parcequ'on entend dire que cela n'eſt pas tombé, & qu'on a demandé l'Auteur.

(2) Cet eſprit de ſecte eſt ſi bien établi & ſi connu, que lorſqu'il paraît quelque ouvrage de marque, on pourrait, ſans crainte d'erreur, dreſſer une liſte de tous ceux qui en diront du mal; on pourrait annoncer d'avance dans quelles maiſons, dans quels Journaux il ſera déchiré. Ce n'eſt pas en ce point, comme on voit, que conſiſte ce ſecret des ſectes dont je parle; c'eſt dans le choix des Écrivains morts qu'il faut louer, des principes qu'il faut adopter, des modeles qu'il faut préférer. Ce ſecret là n'eſt connu que des initiés, & il ſe rapporte toujours

D iv

à quelque intérêt commun auquel tout eſt ſubordonné. Par exemple, ce parti ſi puiſſant autrefois, & aujourd'hui ſi faible, qui s'étoit réuni contre M. de Voltaire, parcequ'on ſe réunit toujours contre une puiſſance ; ce parti avait ſon plan & ſa marche dont il ne s'écartoit pas. J'ai été à portée de le connaître dans ma première jeuneſſe, parceque le haſard m'y avait jetté, & je me ſouviens très bien des diſcours que j'y entendais. Ils étaient édifiants, quoiqu'ils ne m'aient pas converti. C'était une averſion ſinguliere pour ce qu'on appelle l'Art d'écrire, Art ſubalterne dont le génie peut ſe paſſer, & qui n'eſt néceſſaire qu'aux hommes médiocres ; un mépris profond pour le goût, maître ſcrupuleux & puſillanime qui étouffe les grandes beautés, & fait valoir les petites, qui s'occupe d'élégance, de juſteſſe, d'harmonie & autres miſeres ſemblables, tandis qu'il néglige la *force*, *la force* qui, comme on ſait, ne peut jamais ſe trouver qu'avec l'incorrection & l'aſpérité d'un ſtyle hardi & inégal, *la force* enfin à laquelle il faut ſacrifier la raiſon, parceque la raiſon eſt toujours faible. *La force* était le grand mot de ralliement, & on louait avec enthouſiaſme non pas les beautés, mais les déclamations de Corneille & de M. de Crébillon, parcequ'il y avait de *la force* ; & quant à Racine & à M. de Voltaire, c'était du *bel eſprit*, *du talent* même, ſi l'on voulait, mais ni *force*, ni *génie*. *La force* & *le génie* appartenaient excluſivement à Corneille & à M. de Crébillon. Y trouver des défauts, du moins ne pas convenir que leurs défauts même avaient quelque choſe d'admirable, c'étoit audace, aveuglement, témérité, indécence.

Que l'on ſe rappelle les ridicules clameurs qu'excita

le Commentaire de Corneille. Cette époque eft remar-
quable : elle montre comment il faut apprécier les
jugemens des hommes, & ce qu'il faut attendre d'eux :
elle fait voir quel eft, dans certaines époques, l'infur-
montable pouvoir des conventions & des préjugés.
L'ouvrage était condamné d'avance, & perfonne ne criait
plus fort que ceux qui ne l'avaient pas lu. On avait
beau leur dire : « Eh ! Meffieurs, de grace ; montrez-
» nous les erreurs de ce Commentaire. Vous parlez fi
» éloquemment ! prenez la plume, écrivez les belles
» chofes que vous dites. Défendez la gloire de Cor-
» neille, qui n'eft pas attaquée : juftifiez fes fautes, &
» démontrez celles du Commentateur : criez moins, &
» raifonnez un peu davantage. Vous avez tant de Jour-
» naux à vos ordres. Allons, courage, réfutez M. de
» Voltaire. Vous avez beau jeu : on ne demande pas
» mieux que de vous donner raifon. De grace, inf-
» truifez-nous. »

Que répondaient-ils ? Pas un mot de difcuffion. Il
a manqué de refpect à Corneille, difait-on. — Non,
Meffieurs, on ne peut le louer davantage, ni même
le louer mieux ; car, on n'a loué que ce qu'il y
avait de louable. — Mais il releve cent défauts pour
une beauté. — C'eft qu'il falloit relever ces cent défauts
que toutes les jeunes têtes font tentées de prendre pour
des beautés. Ces défauts exiftent-ils, ou n'exiftent-ils
pas ? — N'importe, quand même il dirait la vérité,
il ne fallait pas la dire.

Ce dernier raifonnement, qui paraît inconcevable,
était pourtant celui des perfonnes les plus modérées,
& celui qu'on faifait le plus fouvent ; j'avoue que je
ne faurais ni le comprendre, ni m'y accoutumer. Il

faudrait une bonne fois s'expliquer, & dire ce qu'on prétend. Y a-t-il des myfteres en littérature ? Y a-t-il des tra-
ditions à la fois erronées & refpectables qu'il faille con-
ferver fous un ile que perfonne ne peut déchirer
fans être facrilege ? Quoi ! les opinions de l'efprit fur
les arts de l'efprit ne font pas libres ! Je conçois que
les vérités qui peuvent bleffer les vivants, foient délicates & dangereufes ; mais nous défendra-t-on même
celles qui ne regardent que les morts ? Jufqu'à quand
la médiocrité, qui a befoin de préjugés & d'erreurs,
exercera-t-elle cette ridicule & révoltante tyrannie fur
la raifon & le goût ? Jufqu'à quand fera-t-on expofé
aux clameurs, aux invectives & aux libelles, dès qu'on
ofera énoncer un avis qui n'eft pas celui de la multitude ?
Jufqu'à quand, dans les difputes purement littéraires où
il femble que le feul danger doit être d'avoir tort, le plus
grand danger fera-t-il d'avoir raifon ?

On ne faurait trop le répéter : il n'y a dans toutes ces
matieres qu'un feul examen à faire, celui de la queftion ;
& c'eft le feul qu'on ne faffe jamais. Qu'importent les
noms de Racine & de Corneille ? Voyons quel eft celui
des deux qui a fait de plus belles tragédies, qui a fait de
plus beaux vers, qui a le mieux connu les principes de
la nature & ceux de l'art, qui parle mieux au cœur & à
l'oreille. Voilà ce qu'il faut examiner fans humeur, fans
paffion, fans querelle. Dans cette difcuffion, il faut de
toute néceffité relever les défauts & les beautés. Pourquoi
les enthoufiaftes de Corneille jettent-ils des cris de fureur,
dès qu'on articule ce qu'il a de repréhenfible ? Son nom
doit être facré, difent-ils. Oui, fans doute, fon nom,
mais non pas fes défauts : ce ne font pas fes défauts qui
ont confacré fon nom. Plus les beautés qui l'ont fait fi

grand font refpectables , plus il importe de les bien dif-
tinguer , & de les féparer foigneufement de fes fautes.
Mais cenfurer fes fautes , c'eft vouloir détruire fa gloire,
dit-on encore. Quelle idée ! Qui peut avoir l'odieux &
extravagant projet de détruire la gloire d'un grand homme
qui n'eft plus ? Celui qui aurait conçu ce deffein abfurde,
ne ferait pas pour Corneille un ennemi dangereux. M. de
Voltaire favait mieux que perfonne , & l'on doit favoir,
fans être M. de Voltaire , que , quand un homme s'eft
élevé fans modele aux beautés fupérieures , la poftérité re-
connaiffante ne fe fouvient que de fon mérite , & oublie
fes fautes. Mais ces mêmes fautes que l'on oublie quand
il ne s'agit que de le déclarer grand , on les rappelle
quand il eft queftion d'examiner s'il n'y a rien de plus
grand que lui ; & je demande quel intérêt on peut fup-
pofer à ceux qui lui préferent Racine. Ils fe font étrangement trompés , ceux qui ont cru que M. de Voltaire voulait abaiffer Corneille, parcequ'il le craignait. Ils fe trompaient d'abord dans le fait, parceque , ce n'eft point
abaiffer un homme , que d'exalter avec enthoufiafme tout
ce qu'il a de réellement beau. Ils fe trompaient enfuite
dans le motif: M. de Voltaire fait trop bien que s'il pouvait craindre quelque chofe dans la poftérité , ce ne pourrait être que ce genre de mérite le plus rare de tous, qui
croît toujours avec le temps , la perfection.

Il réfulte du Commentaire de M. de Voltaire , que
Corneille a fait de belles Scenes , & pas une bonne Piece.
Ceux que ce réfultat peut affliger , n'ont qu'à le combattre
par des raifons , & non par des cris. Mais cette derniere
efpece de réponfe eft la plus aifée , & celle qu'on emploie
le plus volontiers. L'autre eft encore à venir.

On lui propofait de faire le Commentaire de Racine. Il

répondit : *Il n'y a qu'à mettre au bas de toutes les pages,*
beau , pathétique , harmonieux , admirable , &c.

Je demande à tout homme raisonnable , si celui qui
parle ainsi de Racine , a pu être jaloux de Corneille.

» Mais M. de Voltaire a senti que son génie se rap-
» prochait de celui de Racine «. Oui , la vérité , la nature & le goût sont toujours très près de Racine , & souvent loin de Corneille.

» Mais , d'un autre côté , quel intérêt supposer à ceux
» qui préferent Corneille ?

Aucun , s'il s'agit du Littérateur impartial , dont l'opinion tient au caractere ; aucun , s'il est question de cette
classe de Lecteurs , qui ne cherche & ne consulte que son
plaisir , & qui ne tient à la Littérature par aucun parti ni
par aucun travail. Reste alors à examiner , non pas les mo-
tifs de leur prévention , puisqu'ils n'en ont aucune , mais
les principes de leur erreur , puisqu'on a posé que c'en est
une. Il faudra observer si ce ne sont pas des têtes un peu
romanesques , des esprits excessivement amoureux de la
grandeur vraie ou fausse , & qui mettent une sorte d'orgueil à trouver de la conformité entre leurs idées & celles
de Corneille. Ce n'est pas avec ces dispositions qu'on doit
être constitué juge des artistes. Il faut n'examiner que la
perfection même de l'art , & voir celui qui en a approché
le plus près. Il faut donc revenir à ceux même qui s'en
occupent , & dont la voix entraîne naturellement le grand
nombre. Quant à ceux-là , si l'on demande quel intérêt
ils peuvent avoir à préférer les beaux morceaux de Corneille aux belles tragédies de Racine , il me semble que
la réponse n'est pas difficile ; c'est qu'il est plus aisé de
faire de beaux morceaux, que de faire de belles tragédies ;
c'est que l'amour propre s'arrange merveilleusement de

cette idée , qu'on peut être un grand homme avec une multitude de défauts ; c'eſt qu'il n'y a perſonne qui , d'a-près ce principe , ne ſe flatte d'avoir aſſez de beautés pour faire excuſer beaucoup de fautes.

On ne s'en tient pas là , on veut que ce mélange de beautés & de défauts ſoit au-deſſus des plus beaux ouvra-ges. C'eſt là, dir-on, le vrai caractere du génie , de grandes beautés & de grandes fautes. Non , c'eſt un des avantages du génie de faire excuſer ſes fautes par les beautés dont il les couvre ; mais il n'eſt pas vrai que le propre du génie ſoit de ne rien produire que d'informe & de monſtrueux. Virgile & Sophocle , Racine & M. de Voltaire , Cicéron , Démoſthene , Tacite , Horace , ſont certainement des gé-nies du premier ordre : ils ont de grandes & de très grandes beautés , & en foule : ils n'ont point de grandes fautes. On nous permettra bien de croire qu'ils ont au moins autant de génie que Corneille , Lucain , Shakeſpear & Milton.

On a mis ſouvent Homere parmi ces grands eſprits re-marquables par leurs inégalités : mais il faut faire une ré-flexion, c'eſt que les défauts d'Homere ſont la prolixité, les répétitions , la naïveté familiere ; & nous ne pouvons pas trop juger ſi c'étaient là des défauts très choquants dans des mœurs infiniment éloignées des nôtres , dans un ou-vrage dont l'Auteur allait chanter les différentes parties dans les villes & les villages de la Grece , comme nos Troubadours allaient chantant des romances dans les cours des Princes & des Barons. D'ailleurs Homere ne peint ja-mais une nature fauſſe (la Mythologie miſe à part) ; ja-mais il n'eſt ni ridiculement bourſoufflé , ni ſubtilement raiſonneu. *Aliquando bonus dormitat Homerus.* Mais il ne faut point le placer parmi ceux dont on a dit qu'il était impoſſible de s'élever plus haut ni de tomber plus bas.

Leur chûte, dit-on, annonce la hauteur de leur vol. Soit, j'admire leur vol, &, si l'on veut même, leur chûte; mais j'admire encore plus celui qui fait s'élever & descendre, & qui ne tombe jamais. On insiste; on prétend que celui qui ne tombe jamais, du moins ne s'élève pas aussi haut. Qui, nous dit-on, a pu jamais monter à la hauteur de Corneille ?

Expliquons-nous. Corneille, par la nature même des sujets qu'il a choisis, a dû rencontrer plus souvent que Racine ce genre de sublime qui tient à l'élévation des idées & à la grandeur des objets; & j'avoue encore que ce choix même prouve la disposition au sublime & le caractere de son génie. Mais en convenant que Corneille a plus souvent que Racine le sublime des pensées, il faudrait examiner si Racine n'a pas beaucoup plus souvent que Corneille le sublime de la passion & du sentiment : il faudrait considérer ensuite si cette derniere espece de sublime n'est pas la plus rare, la plus difficile, & sur-tout la plus tragique & la plus théâtrale.

En s'occupant de cet examen, ou trouverait d'abord que ce ne sont pas les génies les plus heureux, les Ecrivains le plus souvent relus & le plus souvent admirés, qui ont eu le plus de *traits* saillants & de grandes pensées; que Lucain en a beaucoup plus que Virgile, & Séneque beaucoup plus que Cicéron; & cependant qui pourra nier que Virgile ne soit un bien plus grand Poète que Lucain, & Cicéron un Ecrivain bien plus éloquent que Séneque ? C'est que ce ne sont pas les *traits* qui font un ouvrage, c'est le tissu du style & l'ensemble des idées. Ce n'est pas par des élans momentanés que l'on juge un Ecrivain, c'est par sa marche habituelle : la plus grande difficulté, le mérite le plus rare, n'est pas d'étonner le Lecteur, c'est de l'attacher.

On trouverait ensuite que l'homme étant naturellement porté à la grandeur, il est plus aisé de se livrer tout entier à l'enthousiasme qui nous éleve, que de descendre au fond de son cœur, & d'y surprendre avec l'œil de l'imagination les secrets de la Nature & de nos penchants.

On trouverait que, sur-tout au théâtre, l'admiration qu'inspire la grandeur est d'un effet médiocre, lorsqu'il ne s'y mêle pas des sentiments touchants, comme la clémence dans le pardon de Cinna, & les affections paternelles dans le vieil Horace : qu'excepté ces moments qui sont rares, la grandeur est souvent un peu froide ; parcequ'on vient au théâtre, moins pour admirer que pour être ému ; parceque l'admiration est un sentiment dont on revient le plus vîte qu'on peut, au lieu que l'intérêt & l'attendrissement mettent l'ame dans une situation où elle aime à demeurer.

On trouverait que Corneille, trompé par ce goût pour la grandeur, a souvent choisi des sujets qui d'ailleurs n'avaient rien de tragique, tels que Sertorius, Nicomede, Othon, &c. au lieu que Racine, éclairé par la connaissance du cœur humain, a élevé jusqu'à la dignité tragique le sujet faible & élégiaque de Bérénice.

On trouverait enfin que les traits de passion, si fréquents dans Racine, tels que,

Bajazet, écoutez : je sens que je vous aime,

Pourquoi l'assassiner ? qu'a-t-il fait ? à quel titre ?

Je ne t'ai point aimé, cruel ! qu'ai-je donc fait ?

Ils ne se verront plus, ils s'aimeront toujours.

& cent autres de cette force, & le rôle tout entier de Phedre, font d'un fublime beaucoup plus tragique, que les plus grands traits de force & d'élévation qui nous furprennent dans Corneille.

Il faudrait conclure, ce me femble, que fi le premier mérite dans tous les arts eft d'en atteindre le but, le fublime de Racine doit être mis au-deffus du fublime de Corneille, comme le quatrieme Livre de Virgile eft au-deffus des grands traits de la Pharfale ; comme la Harangue pour Milon & celle pour Ligarius font au-deffus de tout l'efprit de Séneque.

Quant à la queftion que je me fuis faite, qui jamais a pu atteindre à la hauteur de Corneille ? je réponds, fans balancer, l'homme de génie qui a fait Brutus & Rome fauvée, qui a non feulement atteint cette hauteur, mais qui même y refte, & n'en tombe jamais. J'avoue que le rôle de Brutus & celui de Cicéron me paraiffent plus beaux que les plus beaux rôles de Corneille : c'eft peut-être en ce genre le chef-d'œuvre de l'art, parceque la grandeur y eft toujours mêlée de fenfibilité, & pénetre l'ame en l'élevant.

Au refte, je conviens que c'eft ici une préférence qu'il ferait difficile de réduire en démonftration. Je rends compte de ce que j'éprouve ; d'autres peuvent être différemment affectés : quand on n'a à choifir qu'entre des beautés fupérieures, chacun doit être content de fon partage, fans vouloir forcer le choix d'autrui. Félicitons-nous de nos richeffes, & ne faifons pas de nos plaifirs un fujet de guerre.

Cette note eft une differtation, je le fais ; mais la maniere dont on y répondra, prouvera, peut-être, qu'elle n'était pas affez longue.

(3) Ce n'eft pas feulement à caufe de la différence des
mœurs , qu'une bonne Tragédie grecque ne peut pas,
fans fouffrir beaucoup de changements, être une bonne
tragédie françaife ; c'eft fur-tout parceque nos Pieces
demandent beaucoup plus d'étendue. Je ne connais qu'un
feul ouvrage chez les Grecs ; qui pût être tranfporté fur
notre Théâtre , fans autre altération que le retranche-
ment des Chœurs ; c'eft le Philoctete de Sophocle.
Mais il ne pourrait fournir que trois Actes. Toutes les
autres Pieces grecques demanderaient parmi nous plus
de fufpenfion dans l'intrigue , plus de développement
dans les fcenes & dans les caracteres, plus de paffion dans
le dialogue. C'eft ce qu'a fi heureufement exécuté M. de
Voltaire , dans la Tragédie d'Orefte. Il a pris toutes les
beautés que les convenances françaifes lui permettaient
d'emprunter à Sophocle : il a confervé l'intéreffante & noble fimplicité du fujet ; mais il a conduit l'intrigue avec
plus d'art. Il eft allé bien au-delà de l'original dans le
rôle d'Electre , l'un des chefs-d'œuvre de l'éloquence
dramatique , & l'un des rôles les plus parfaits qu'il y ait
au Théâtre depuis Phedre. Il a créé le rôle de Clitemnef-
tre. Il a fu dans le cinquieme Acte rendre intéreffante
une femme criminelle qui femblait ne devoir être qu'o-
dieufe , & qu'avec beaucoup d'art on aurait efpéré tout-
au-plus de rendre fupportable. Il lui a prêté des mots fu-
blimes. Il a peint des plus beaux traits l'amitié d'Orefte
& de Pylade. Enfin, il a imaginé un dénouement. Voilà
l'ouvrage du génie. C'eft ainfi qu'il convient de lutter
contre un homme tel que Sophocle. Voulez-vous une
preuve de l'inconcevable aveuglement de la haine ? écou-

E

tez les ennemis de M. de Voltaire, répétant fans cefle
qu'il fe fert dans fes tragédies de petits moyens, & lui op-
pofant M. de Crébillon comme un efprit bien plus créateur. M. de Crébillon, en traitant le fujet d'Electre, n'a
pu s'en tirer qu'avec une double intrigue d'amour qui tient
la moitié de la Piece & qui la gâte. Or, qui eft-ce qui marque plus de fécondité, plus de reffources, plus de création,
ou de tirer tout du fujet & de foi-même, ou d'avoir re-
cours à un double Epifode? Je voudrais favoir comment on peut répondre à ce raifonnement fans être abfurde : mais il y a des gens pour qui ce n'eft pas une
affaire.

(4) L'intrigue la moins défectueufe dans Corneille,
eft celle de Polyeucte ; & c'eft la Piece fur laquelle s'ap-
puieront ceux qui pourront nier que Racine ait donné le
premier modele d'une bonne intrigue. Cependant, fi l'on
y veut faire attention, il me femble qu'on trouvera de
grands défauts dans le plan de Polyeucte. Certainement, ce
qui fonde le mérite d'une intrigue, c'eft la force, la no-
bleffe & la juftefle des refforts qui font mouvoir les princi-
paux perfonnages; c'eft l'art d'oppofer habilement ces perfonnages les uns aux autres, de leur donner à tous un degré
d'intérêt relatif qui attache fuffifamment le Spectateur,
& de fonder fur la combinaifon de tous ces intérêts oppofés, l'effet total de la Piece, c'eft-à-dire, le plaifir
que donne au Théâtre la crainte balancée par l'efpérance.
Or, ce mérite fe trouve-t-il éminemment dans Polyeucte? Je mets à part les défauts de vraifemblance : par
exemple, l'arrivée de Sévere qui vient pour époufer Pauline, dont naturellement il ne doit pas ignorer le mariage

avec Polyeucte. Ceux qui reprochent tant à Racine d'avoir fondé une Piece sur l'égarement de Clytemneftre, doivent blâmer bien davantage cette ignorance de Sévere : car il est bien plus poffible que le Courier d'Agamemnon ait pris un autre chemin que la Reine, qu'il ne l'est que Sévere n'ait pas appris, en traverfant l'Arménie, & en venant jufques dans le Palais du Gouverneur, que la fille de ce Gouverneur, qui est fa maîtreffe, est mariée depuis quinze jours. Encore une fois, paffons ces fortes de fautes. N'examinons point comment Sévere est arrivé, puifqu'on defire qu'il arrive, & puifqu'il ne vient que pour jouer un rôle noble & intéreffant. Mais Félix, qui est le grand mobile de l'intrigue, est-il un Perfonnage tragique ? Sa politique fi baffe & fi lâche est-elle digne du Théâtre ? Il craint, s'il ne fait pas mourir fon gendre, de perdre fa place de Gouverneur : car c'est tout ce qu'il peut craindre. Certainement, ce n'est pas là un reffort qui ait beaucoup de force & de dignité. Ses efpérances ne font pas plus nobles que fes craintes : il va jufqu'à dire que, fi Sévere époufait fa fille après la mort de Polyeucte, cette alliance le rendrait, lui Félix, beaucoup plus grand Seigneur. Sont-ce là des intérêts bien tragiques ? Est-ce là une intrigue fortement conçue ? Remarquez que le péril de Polyeucte n'a pas d'autre fondement, & que toute la Piece est appuyée fur la politique de ce Félix. Je demande encore fi c'est là une bonne intrigue.

Il me femble qu'il doit toujours y avoir une jufte proportion entre les divers intérêts balancés dans une Tragédie, & que c'est en cela principalement que confifte l'art de l'intrigue. Il ne faut pas que des confidérations petites & mefquines amenent un grand facrifice ou une action atroce. Quand il est question de faire périr fon

E ij

gendre , & d'ordonner le malheur de sa fille , il faut des raisons assez fortes , pour que le Spectateur les excuse & les trouve plausibles.

Inventez des ressorts qui puissent m'attacher.

BOIL.

Et que m'importe que Félix soit plus ou moins grand Seigneur ? Voyez dans Andromaque , combien tous les intérêts sont grands ! Andromaque , pour sauver le fils qui lui reste & qui la console de ses malheurs, épousera-t-elle le meurtrier de son époux ? Oreste , pour obtenir la main d'Hermione , égorgera-t-il Pyrrhus ? Pyrrhus s'exposera-t-il au courroux de toute la Grece, pour épouser la veuve d'Hector ? Voilà de grands intérêts ; il n'y en a pas un qui ne m'attache fortement , & qui ne soit digne de la Tragédie : & avec quelle adresse l'Auteur a su les contrebalancer !

Parlera-t-on de l'intrigue de Cinna ? Si , dans le second Acte , Cinna dit précisément tout le contraire de ce qu'il doit dire , s'il agit contre ses intérêts & contre ses vues , l'intrigue ne porte-t-elle pas sur un mauvais fondement ? Si la délation de Maxime , au quatrieme Acte , est une bassesse mal concertée , puisqu'il ne peut avoir aucune espérance d'obtenir Emilie , dont il sait que Cinna est aimé ; si ce même Maxime tient une conduite absolument opposée à cette dignité tragique qui doit se trouver jusques dans le crime, l'intrigue de Cinna est-elle un modele ? Il y a sans doute de sublimes beautés dans cet ouvrage : mais ne peut-on pas demander avec M. de Voltaire , si c'est une belle Tragédie ?

A l'égard d'Héraclius , on peut voir dans le Commentaire le grand nombre de fautes évidentes & inexcusables sur lesquelles l'intrigue est fondée. Mais sans entrer dans ce détail, je me contenterai d'obferver que peut-être ne fallait-il pas trouver dans Héraclius une fi prodigieufe force d'efprit. Il me femble que c'eft la fimplicité & la clarté des moyens jointe à la grandeur des effets, qui prouve la véritable force. La multiplicité & l'embarras des refforts ne peut jamais être qu'un défaut, & non pas un mérite. J'admire les beautés du quatrieme & du cinquieme Actes ; mais j'avoue que, non feulement j'ai beaucoup de peine à entendre les trois premiers, mais même qu'il me paraît affez indifférent de favoir lequel des deux Princes eft Héraclius, ce qui dans la Piece eft peut-être un défaut encore plus grand que l'obfcurité. Beaucoup de gens ont cru que l'intrigue d'Héraclius était belle, parcequ'elle était difficile. Mais un Méchanicien qui prodiguerait jufqu'à l'excès les rouages & les refforts, en ferait-il beaucoup plus admirable ?

On fait que l'expofition de Rodogune n'eft pas beaucoup plus claire ; que la double propofition du double meurtre eft hors de toute vraifemblance. Je fais que la fituation d'Antiochus au cinquieme Acte eft belle & théâtrale ; mais j'avoue que mon cœur eft toujours moins ému, quand ma raifon eft révoltée. Je refpecte, fi l'on veut, ceux qui amenent des effets avec de fi grands défauts ; mais j'admire du fond du cœur ceux qui en produifent d'auffi grands, & qui ne les font pas acheter fi cher. Je voudrais fur-tout que la Tragédie me repréfentât une action qui ait pu arriver. Or, je ne fais s'il y a un pays où fe rencontrent à la fois deux femmes, dont l'une propofe à fes deux fils, à deux jeunes Princes très bien nés, d'affaffiner une jeune Princeffe que tous deux veulent époufer, & que d'ailleurs elle a pu beaucoup plus facilement faire périr tandis qu'elle la te-

E iij

nait en prison; & dont l'autre propose à ces deux mêmes
Princes, dont elle connaît la vertu, d'affassiner leur
mere. Quand on m'aura démontré que des aventures si
extraordinaires sont dans l'ordre des choses probables,
je pourrai regarder Rodogune comme un chef-d'œuvre.
Encore ce chef-d'œuvre me paraîtrait-il beaucoup moins
intéressant que la situation de l'Iphigénie de Racine au
troisieme Acte, que celle de Sémiramis au quatrieme,
&c. Ces grands effets tragiques ne sont pas amenés par
des invraisemblances.

» Mais aussi leurs Auteurs ne sont que de *beaux es-*
» *prits*. Le grand mérite d'être à la fois intéressant & rai-
» sonnable ! De grandes absurdités & de grands effets!
» voilà ce qu'il faut admirer. »

Il y a des gens qui n'ont jamais lu que de bons livres,
qui n'ont jamais vécu qu'en bonne compagnie, & qui
croiront que personne n'a pu avancer sérieusement des
propositions si ridicules. Je réponds à ces Lecteurs d'élite,
qu'ils se trompent; qu'en matiere de goût, il faut quelquefois écrire pour tout le monde; que s'ils étaient dans
le cas de beaucoup d'honnêtes gens qui ont lu de mauvais
ouvrages & rencontré de mauvais Auteurs, ils sauraient
que des Ecrivains de toute espece, des faiseurs d'Hé-
roïdes, de Drames, de Romans, de Tragédies, &c. di-
sent avec la plus sérieuse gravité, que Despréaux & Racine *ont perdu la poésie française*, en faisant voir que
la raison & l'harmonie sont quelque chose; & qu'au fond
l'harmonie est une chimere, la raison un épouvantail, la
perfection, de quelque espece qu'elle soit, une marque
infaillible de médiocrité, & que le génie ne se manifeste
jamais que par des fautes épouvantables, & des écarts
sublimes. *Erudimini qui judicatis terram.*

Je crois devoir répéter que je fuis bien loin de vouloir jetter du ridicule fur tous ceux qui préferent Corneille à Racine : je tâche de raifonner avec ceux qui raifonnent ; mais je ne traite pas fi gravement ceux qui ne raifonnent pas.

(5) Dans Corneille, les femmes font des hommes ; ou plutôt, hommes & femmes, tout eft Corneille. C'eft dans Corneille, qu'Emilie parle *des douceurs de fa poffeffion.* C'eft Corneille qui fait parler la Cléopâtre de la Mort de Pompée, avec le ton d'une galanterie indécente ; celle de Rodogune, avec une férocité tranquille qui donne à la nature un démenti trop formel ; Viriate, avec une hauteur qui avilit devant elle le grand Sertorius ; Pulchérie, avec un excès d'orgueil & d'emportement qui choque & révolte. Racine n'aurait pas fait dire à Pauline, en parlant du danger de revoir un homme qu'on a aimé :

Il eft toujours aimable, & je fuis toujours femme ;

il aurait certainement trouvé une expreffion plus délicate & plus tendre, & aurait écarté l'idée humiliante d'une femme qui fuccombe à fa faibleffe. Il n'eût pas fait dire à Pulchérie :

L'efclave le plus vil qu'on puiffe imaginer
Sera digne de moi, s'il peut t'affaffiner.

Eft modus in rebus.

(6) Corneille a peint de grands fentiments ; a-t-il peint de grandes paffions ? Il a peint le Patriotifme romain, vertu républicaine, qui n'appartient qu'aux hommes nés libres, quoique l'amour de la liberté appartienne à tout le monde. L'ambition eft chez lui, ou un calcul purement politique, ou une combinaifon froide de crimes atroces : elle n'a ni l'enthoufiafme qui l'échauffe, ni

E iv

les remords qui l'excusent. Est-il naturel, par exemple, qu'une mere qui vient d'égorger son fils, dise si tranquillement ?

> Enfin , graces aux Dieux , j'ai moins d'un ennemi :
> La mort de Séleucus m'a vengée à demi.
> Son ombre , en attendant Rodogune & son frere,
> Peut déja de ma part les promettre à leur pere ,
> Ils le suivront de près , &c.

Ces horreurs exprimées dans un style familier , & détaillées avec tant de calme , ne sont-elles pas d'un Rhéteur qui a cru qu'un caractere , pour être fort , devait être horrible ? L'ambition de Cléopâtre ne serait-elle pas à la fois , & plus passionnée , & plus excusable , si elle était combattue par quelqu'un des sentiments ineffaçables dans une mere ? ne serait-elle pas bien plus tragique ? Et n'est-ce pas une vérité en morale , que par la même raison qu'il n'y a guere de vertu si pure qui n'ait été quelquefois ébranlée, il n'y a point d'ame si perverse qui n'ait eu quelques bons mouvements ? Je dirai plus, il y a telle ame dont je croirais volontiers que la pureté n'a jamais été ternie par aucun sentiment malhonnête , & je ne crois point de l'homme né le plus méchant, qu'il n'ait jamais été fâché de l'être. L'homme, quoique né susceptible du bien & du mal , est plus aisément disposé à l'un qu'à l'autre ; car il fera le premier, toutes les fois qu'il n'aura pas de motif pour faire le second. On ne commet jamais le mal , que pour en éviter un qu'on croit plus grand ; ce qui a fait dire avec raison , que le crime n'était qu'un faux calcul.

Quant à l'amour, cette passion si mobile , si active , si variée , qui réunit en elle toutes les autres , & les rend plus furieuses ; quel est , dans Corneille , le personnage qui en paraisse vraiment pénétré, & qui en parle le langage ? Il y en a quelques traits dans le rôle de Chimene :

Sors vainqueur d'un combat dont Chimene est le prix,

est un beau mouvement. On en citerait peu d'autres. On convient, en général, que les personnages de Corneille sont des discoureurs d'amour, & non pas des amants.

C'est d'après toutes ces réflexions, que d'excellents esprits ont mis en question, si Corneille étoit né avec un génie vraiment dramatique. Comme la Tragédie est le résultat de tous les talents réunis, il a donné les premiers modeles de ceux qui tiennent à l'élévation de l'ame & des idées, parcequ'il étoit né avec un grand esprit, & une grande disposition à l'éloquence. Mais avait-il cette sensibilité expressive, cette imagination prompte, cette flexibilité d'ame, qui font les moyens & les ressorts de la Tragédie ? Voilà ce que l'on pourrait examiner sans blesser la gloire de Corneille : car on peut être né avec beaucoup de génie, & n'avoir pas éminemment celui du Théâtre. Je crois que Corneille aurait été bien grand dans le Sénat Romain, ou dans le Parlement d'Angleterre ; mais que peut-être dans Athenes, il n'aurait pas remporté le prix de la Tragédie sur Euripide & sur Sophocle.

Les préjugés sont bien aveugles : bien loin que Corneille ait formé le génie de Racine, il est évident, pour peu qu'on y réfléchisse, que, si Racine parut d'abord fort au-dessous de ce qu'il devint dans la suite, c'est qu'il commença par vouloir imiter Corneille. Alexandre est clairement modelé sur les Pieces de Corneille : l'amour d'Alexandre pour Cléophile est peint précisément des mêmes traits que celui de César pour Cléopâtre. C'est cette froide galanterie qu'on croyait alors devoir mêler à l'héroïfme, & qui le dégradait. Une affectation de grandeur qui tient au fafte des paroles, & qui fe mêle dans l'Alexandre à des raifonnements fur l'amour, était encore une imitation des défauts introduits fur la Scene à la fuite des beautés de Corneille, & que ce cortege impofant ne rendait que plus contagieux. Si quelque chofe prouve l'heureux naturel de Racine & la pente irréfiftible de fon génie, c'eft la force qu'il eut de revenir à la vérité & à lui-même, malgré le fuccès d'Alexandre & l'exemple de Corneille : & c'eft alors qu'il fit Andromaque.

(7) On ne prétend point faire un crime à Corneille d'avoir pris & embelli le Cid de Guilain de Caftro. Les hommes de génie fe font toujours permis de faire paffer dans leur langue les beautés des nations étrangeres ; & c'eft même une permiffion qu'eux feuls peuvent prendre, & dont la médiocrité n'eft pas à portée d'abufer. Mais remarquons ici l'injuftice des préjugés. On répete fans ceffe le mot de création : il femble qu'elle appartienne exclufivement à Corneille ; cependant il eft facile de prouver qu'il a plus emprunté que Racine. Le Cid & Héraclius font aux Efpagnols. La belle fcene du cinquieme acte de Cinna eft toute entiere dans Séneque le Philofophe : il ne lui refte donc en propre que les trois premiers actes des Horaces, Polyeucte, les beaux morceaux de Pompée qui ne font pas traduits de Lucain, le cinquieme acte de Rodogune, quelques fcenes de Sertorius. Andromaque, Britannicus, Bérénice, Bajazet, Mithridate, Athalie, appartiennent abfolument à Racine : & dans Phedre & Iphigénie il s'en faut bien que les plus grandes beautés foient prifes aux Grecs ; au lieu que ce qu'il y a de plus beau dans le Cid, dans Héraclius & dans Cinna, eft précifément ce qui eft

d'emprunt. Encore une fois, on est loin de vouloir faire aucun reproche à Corneille : on veut seulement observer que les mêmes hommes qui l'appellent souvent un génie créateur par excellence, quoique ses grandes beautés soient empruntées, ne veulent pas que Racine & M. de Voltaire soient aussi des génies créateurs, quoiqu'assurément ils aient tiré de leur propre fonds un assez grand nombre de beaux ouvrages, pour les opposer à ceux que Corneille ne doit qu'à lui.

On fait encore, pour vanter la fécondité de Corneille, un raisonnement qui m'a toujours paru un peu étrange. Quelle tête, dit-on, que celle qui a conçu trente plans dramatiques, dont aucun ne ressemble à un autre ! Mais si de ces trente plans il y en a vingt-quatre absolument mauvais, j'avoue que je vois bien ce qu'il y a de déplorable dans une pareille fécondité, mais non pas ce qu'il y a d'admirable. Si ces plans, parmi une foule de défauts, avaient des beautés réelles, il y aurait matiere à de justes éloges. Mais comment peut-on de bonne foi savoir gré à un homme d'avoir produit le plan d'Œdipe, de Pertharite, de la Toison d'Or, de Sophonisbe, d'Othon, de Pulchérie, de Théodore, d'Andromede, de Bérénice, de Suréna, d'Agésilas, d'Attila ? &c. Y a-t-il quelque gloire à inventer si mal ? Jusqu'à quand conviendra-t-on de se payer de mots qui n'ont point de sens ? Jusqu'à quand les grands hommes auront-ils pour admirateurs tant de faux enthousiastes ou de partisans mal-adroits ?

(8) Britannicus n'eut aucun succès dans sa nouveauté ; il est vrai que le cinquieme acte n'est pas d'un grand effet. Mais croira-t-on que ce défaut, racheté par des beautés

fans nombre , ait été la feule caufe du peu de fuccès de
la Piece ? Sans parler des difpofitions des fpectateurs ,
qui , après le grand fuccès d'Andromaque , devaient être
armé ou d'une extrême févérité , ou d'une jaloufie fecrete,
il me femble qu'on pourrait trouver encore dans le goût
qui regnait alors , un obftacle à l'effet de Britannicus. Le
fujet fe rapprochait par plufieurs endroits de ceux qu'avait
traité Corneille , & les têtes étaient encore montées au
ton que Corneille avait introduit. Il eft certain que la fa-
geffe & la vérité ; lorfqu'elles n'ont pas encore pris un certain empire , peuvent quelquefois paraître froides après
l'exagération & l'enflure. On était accoutumé à ces perfonnages qui avertiffent toujours qu'ils font grands , qu'ils
font politiques , qu'ils font fins courtifans ; à ces fcélérats
qui difent d'eux-mêmes plus de mal qu'on n'en peut pen-
fer. Agrippine, qui ne repete point qu'elle eft habile ,
qu'elle eft ambitieufe , qui ne fe vante point d'être mé-
chante , qui ne fe glorifie point de l'empoifonnement de
Claude , comme d'une belle action, mais qui dit en vers
que peu d'hommes favent faire ,

> Néron ne me voit plus ; Albine , fans témoins :
> En public , à mon heure , on me donne audience ;
> Sa réponfe eft dictée , & même fon filence.

Agrippine ne parut qu'une intrigante vulgaire. Il y a pourtant , & on l'a reconnu depuis , une bien plus grande connaiffance de ce qu'on appelle l'efprit de la Cour dans ce
rôle d'Agrippine , & en général dans la Tragédie de Britannicus , qu'il n'y en a dans toutes les pieces de Corneille. Si
l'on veut réfléchir fur cette obfervation , & lire Britannicus avec le deffein d'y étudier la politique de l'Auteur, il
n'y aura pas un feul Lecteur un peu éclairé qui ne foit de

cet avis. Le nom seul de Néron semblait promettre tout ce qu'il y a de plus odieux : on fut bien surpris qu'il n'eût pas sans cesse à la bouche ces maximes effroyables qui semblent être la morale & le code de l'enfer ; on trouva qu'il était trop bon ; c'est du moins ce que nous dit Racine dans sa Préface. Quelle scene que celle de Narcisse avec Néron au quatrieme acte, & qu'il était beau de la faire après celle de Burrhus ! C'est bien là, comme a dit Boileau, *courir de merveille en merveille !* Quelle entreprise que celle de ramener Néron après l'impression qu'il vient d'éprouver ! & quel chemin il y a du moment où il envoie Burrhus auprès de son frere, à celui où il sort avec Narcisse pour aller l'empoisonner ! Cependant tel est l'art détestable de Narcisse, ou plutôt l'art admirable du Poète, que cette révolution, l'ouvrage de quelques instants, paraît naturelle, vraisemblable, & même nécessaire. Le venin de la malignité est si habilement préparé, qu'il doit pénétrer l'ame du tyran & l'infecter sans remede : mais comme Néron le reçoit avidement ! comme on voit que le crime ne lui coûtera rien, & qu'il ordonnera le meurtre de son frere sans peine & sans remords ! Le moment où il s'écrie dans sa rage,

> J'embrasse mon rival, mais c'est pour l'étouffer,

n'est pas encore le plus horrible : alors il est furieux & jaloux ; mais lorsqu'il dit à Narcisse,

> Ils mettront ma vengeance au rang des parricides,

voilà le cri d'une ame atroce, voilà le mot d'un tyran.

Je remarquerai encore qu'au théâtre le sort des rôles & des Pieces est presque entiérement dans la main des Acteurs. Ce n'est guere que de nos jours qu'on a senti tout le mérite du rôle de Néron, grace au jeu profondément raisonné & senti de l'Acteur sublime qui le représente, & qui sait si bien se pénétrer de l'esprit de tous ses rôles. Voilà ce que peut faire un grand Comédien : il met à la portée de la multitude une foule de beautés qui n'étaient connues que du petit nombre d'hommes qui lisent & réfléchissent.

Cependant le public n'avait pas attendu jusques-là pour rendre justice à Britannicus : du vivant même de Racine on était revenu par degrés sur cet ouvrage ; & il était toujours goûté davantage, chaque fois qu'il reparaissait sur la scene.

(9) Combien de fois ai-je entendu opposer à la variété de Corneille, la monotonie de Racine ! Il est vrai que dans ce dernier, quelques personnages du second ordre, quelques jeunes Princes amoureux, Britannicus, Xipharès, Antiochus, Hippolyte, Bajazet, ont beaucoup de traits de ressemblance ; mais s'ensuit-il que les Tragédies où Racine a placé ces personnages, se ressemblent d'ailleurs, & pour le ton & pour l'effet ? Certainement il y a loin d'Andromaque à Britannicus, de Britannicus à Bérénice, de Bérénice à Phedre, & de Phedre à Athalie. Dans Corneille, les sujets sont variés, il est vrai ; mais le ton dominant est presque toujours le même. C'est presque toujours une grande force de raisonnement qui dégénere en subtilité, une hauteur d'idées qui va jusqu'à l'enflure. Emilie, Sabine, Camille, Cornélie, Viriate, Pulchérie, ont toutes le même esprit, & parlent le même langage. Le vieil Horace & Dom Diegue me paraissent les seuls rôles écrits d'un style pas-

fionné, & qui faffe oublier l'Auteur : par-tout ailleurs, c'eft Corneille. Perfonne n'a mieux fait fentir cette vérité, que M. de Voltaire, qu'il faut toujours citer en matiere de goût. « Corneille écrivait très inégalement (dit-» il dans le Commentaire) ; mais je ne fais s'il avait » un génie inégal, comme on l'a dit, car je le vois tou-» jours, dans fes meilleures Pieces & dans fes plus mau-» vaifes, attaché à la folidité du raifonnement, à la » force & à la profondeur des idées, prefque toujours » plus occupé de differter que de toucher ; plein de ref-» fources jufques dans les fujets les plus ingrats, mais de » reffources fouvent peu tragiques ; choififfant mal tous » fes fujets depuis Œdipe ; inventant des intrigues, mais » petites, fans chaleur & fans vie ; s'étant fait un mau-» vais ftyle pour avoir travaillé trop rapidement, & » cherchant à fe tromper lui-même fur fes dernieres » Pieces. »

On ne peut rien ajouter à ces idées fi juftes & fi précifes. Mais j'obferverai encore, pour ce qui regarde Racine, qu'il eft bien étrange qu'on ait méconnu chez lui le talent fingulier de fe plier à tous les tons. Je ne vois qu'une caufe de cette erreur ; c'eft que Racine ayant eu dans tous les genres un langage toujours naturel qui n'appartenait qu'à lui, on s'eft accoutumé à croire qu'il n'y avait point de différence dans fes fujets, parcequ'il n'y en avait point dans l'exécution. On le trouvait toujours le même, parcequ'il était toujours parfait.

(10) J'avoue que M. de Voltaire a porté encore plus loin la peinture dramatique des mœurs & l'illufion des couleurs locales. C'eft une des parties fupérieures de ce grand Tragique. Mais il faut fe fouvenir auffi, qu'ayant

fait un plus grand nombre d'ouvrages , il a pu déployer
ce talent particulier dans une plus grande variété de fujets : au lieu que Racine à tiré presque toutes ses Pieces
des Grecs & des Romains. Dans Andromaque , dans
Phedre , dans Iphigénie , la Scene est chez les Grecs ;
dans Britannicus & dans Bérénice , elle est chez les Romains. Ces mœurs étaient déja connues au Théâtre, &
bien moins neuves , bien moins piquantes que celles des
Américains dans Alzire , des Chinois & des Tartares
dans l'Orphelin de la Chine , de la Chevalerie dans
Tancrede , &c.

Cependant , si nous cherchons dans Bajazet , par exemple , des détails de mœurs & des peintures locales , combien en trouverons-nous dès la premiere Scene , & dans
tout le cours de la Piece !

> Et depuis quand , Seigneur , entre-t-on dans ces lieux
> Dont l'accès était même interdit à nos yeux ?
> Jadis une mort prompte eût puni cette audace.

Avec quel art ces premiers vers nous transportent déja
dans le Serrail , & nous font entrevoir le péril des personnages !

> Tu fais de nos Sultans les rigueurs ordinaires :
> Le frere rarement laisse jouir ses freres,
> De l'honneur dangereux d'être sortis d'un sang
> Qui les a de trop près approchés de son rang.
> L'imbécille Ibrahim , sans craindre sa naissance ,
> Traîne , exempt de péril , une éternelle enfance ;
> Indigne également de vivre & de mourir ,
> On l'abandonne aux mains qui daignent le nourrir.

Je ne peux pas , en citant ces vers , me refuser à l'occa-
sion qu'ils me présentent de réfuter un peu plus sérieusement

ment ce ridicule préjugé dont j'ai parlé ci-deſſus , qui ne veut jamais voir la force du ſtyle qu'accompagnée de la dureté & de l'incorrection , & qui n'imagine pas qu'elle puiſſe jamais ſe trouver avec l'élégance & l'harmonie. Je crois qu'il ſerait difficile de citer beaucoup de vers qui égalaſſent , pour la force de l'expreſſion , les quatre vers ſur Ibrahim , & il y en a dans Britannicus une foule de ce même genre. Ce ſont là les vrais modeles du ſtyle. C'eſt en les étudiant , que l'on concevra ce que c'eſt que la véritable énergie : on verra qu'elle conſiſte dans une combinaiſon de termes , heureuſe & neuve , & dans l'art de joindre la plus grande étendue d'idées à la plus grande préciſion de mots. Racine a très ſouvent cette eſpece de force , & Corneille la poſſede au plus haut degré dans ſes beaux endroits. Revenons , & cherchons encore quelques peintures de mœurs dans Bajazet.

> Un Vizir aux Sultans fait toujours quelque ombrage ;
> À peine ils l'ont choiſi , qu'ils craignent leur ouvrage :
> Sa dépouille eſt un bien qu'ils veulent recueillir ,
> Et jamais leurs chagrins ne nous laiſſent vieillir.
>
> . . . .
>
> Et moi , ſi mon devoir , ſi ma foi ne l'arrête ,
> S'il oſe quelque jour me demander ma tête . . . .
> Je ne m'explique point , Oſmin , mais je prétends
> Que du moins il faudra la demander long-temps.
> Je ſais rendre aux Sultans de fideles ſervices ;
> Mais je laiſſe au vulgaire adorer leurs caprices ,
> Et ne me pique point du ſcrupule inſenſé
> De bénir mon trépas quand ils l'ont prononcé.

Combien il y a dans ces vers de vérités hiſtoriques ! la fin tragique de preſque tous les Vizirs , leur dépouille portée au tréſor des Sultans , la coutume d'envoyer le lacet

F

à ces victimes du Despotisme, & de les rendre contre eux-mêmes les exécuteurs des arrêts de leur Tyran ; le dévouement religieux des Turcs qui les porte à regarder comme un ordre du Ciel la volonté du Sultan, &c. Je demande si un homme qui ne connaîtrait que par les vers de Racine cette partie des mœurs turques, n'en aurait pas une idée très fidele. La Piece est pleine de morceaux semblables que je ne veux pas multiplier ici, parceque je suppose qu'ils sont connus des Lecteurs lettrés.

Observez encore que Racine n'a jamais manqué à la vérité historique des mœurs d'une nation ; au lieu que Corneille l'a blessée quelquefois, comme par exemple lorsqu'il fait Pulchérie héritiere de l'Empire Romain, &c.

(11) Il y avait un très grand parti contre Racine, comme il y en a eu depuis contre M. de Voltaire, & comme il y en avait eu contre Corneille dans les beaux jours de son génie. Il n'y en eut point, que je sache, contre Pradon. Il n'avait pour ennemis que ses vers. De très grands Seigneurs cabalerent pour faire applaudir sa Phedre, & faire tomber celle de Racine. Ils pousserent le raffinement de la méchanceté jusqu'à loüer un grand nombre de loges à l'Hôtel de Bourgogne où l'on représentait ce chef-d'œuvre, afin que ces loges restant vuides, la Piece parût abandonnée.

On a peine à concevoir comment des hommes de la Cour, qui n'avaient rien à disputer à Racine, pouvaient porter à ce point leur animosité contre lui. Les prétentions littéraires & l'éclat des succès du Théâtre inspirent donc des haines bien vives, même à ceux qui n'ont pas l'intérêt de la rivalité. Mais en admettant même que ces inimitiés fussent fondées, comment n'étaient-elles pas plus nobles? Il me semble que tout ce qu'on peut faire contre un Ecrivain dont on est l'ennemi, c'est de le juger avec une sévérité rigoureuse, & de ne lui pas faire grace d'un défaut. Mais se refuser au sentiment des beautés! mais mentir à son ame & à son plaisir! quel excès d'avilissement & de bassesse! & cependant qu'il est commun! Je sais que la passion peut quelquefois aveugler le jugement, & fermer le cœur aux impressions du talent & du mérite : alors, peut-être on est digne de quelque excuse, & sur-tout de quelque pitié. Mais cet aveuglement entier n'est pas très ordinaire, & le plus souvent le génie n'a pas de plus grands ennemis que ceux qui le connaissent le mieux. Ce doit être pourtant un pesant fardeau que celui d'un mérite que l'on hait, & qu'il faut toujours nier tandis qu'il agit toujours. Je conçois qu'il en coûte d'accorder un hommage à ce qu'on voudrait humilier : mais vaut-il mieux s'avilir en le refusant? faut-il, pour affecter un faux mépris, s'exposer à en avoir un véritable pour soi-même?

C'est sur-tout celui qui se proposerait, comme Visé du temps de Racine, de rendre compte au Public des ouvrages d'autrui ; c'est cet homme sur-tout qui devrait bien prendre garde à ne jamais manquer de respect au talent. Qu'arrive-t-il en effet? Le talent se venge quelquefois, & ses traits sont perçants : leur force est proportionnée à la hauteur dont ils tombent : alors voilà la guerre ouverte. Celui qui devrait être juge devient ennemi, & il continue pourtant à vouloir être juge. Il devrait être guidé par la vérité, & il ne l'est plus que par la vengeance. Il devrait écrire pour l'instruction, & il n'écrit plus que pour le fcandale. Il ne peut plus parcourir, qu'en tremblant, l'ouvrage fur lequel il doit prononcer. Il y a toujours affez de beautés pour le punir, & jamais affez de défauts pour le confoler. Il craint, en citant, d'être condamné par fes propres citations, & de mettre le Lecteur contre lui. Il eft obligé d'altérer, de tronquer, de tranfpofer. Trop emporté pour être adroit, loin de s'attacher à la partie faible de l'ouvrage, c'eft fouvent ce qu'il y a de plus beau qu'il voudrait détruire ; le voilà forcé d'être abfurde, pour avoir le plaifir d'injurier. Il en fent quelquefois la honte, mais comment revenir fur fes pas ? comment louer ce qu'on a déclaré incapable de mériter jamais la louange ? On aime mieux accumuler injuftice fur injuftice, menfonge fur menfonge, & l'on acquiert un nouveau degré de déshonneur chaque fois qu'un ennemi acquiert un nouveau degré de gloire.

(12) Il ne faut pas croire que M. de Voltaire ait changé d'avis fur Athalie, parcequ'il a obfervé depuis, qu'au fond Joas n'eft point en péril, que la propofition d'Athalie qui n'a point de fils, & qui veut l'adopter, paraît être faite de bonne foi, & devrait déterminer Joad, fi Joad n'était pas un fanatique ou un ambitieux. Il a répondu lui-même à ces objections, en faifant fentir que, fi le rôle de Joad n'était pas de bon exemple en morale & en politique, il était poétiquement bon, parceque dans toute la Piece il paraît conduit par un Dieu vengeur qui veut punir Athalie ; que fi la vie de Joas n'eft pas réellement menacée dans les premiers Actes, l'intérêt qu'on prend à lui ne fubfifte pas moins, parceque l'Auteur a l'adreffe de nous occuper toujours du danger où il eft d'être reconnu. M. de Voltaire a remarqué avec quel art Racine a fait intervenir la majefté de la

Religion, & nous a toujours mis devant les yeux l'hé-
ritier des promeſſes du Ciel, l'eſpérance d'un Peuple, un
Roi orphelin proſcrit par une Reine cruelle, &c. Le Poète,
dit M. de Voltaire, eſt un vrai Magicien. Voyez les queſ-
tions ſur l'Encyclopédie.

(13) J'eſpere qu'on me pardonnera de citer ici quelques morceaux des Chœurs d'Eſther, moins connus peut-
être des gens du monde que les autres vers de Racine qu'on
entend tous les jours au Théâtre.

Chœur du premier Acte d'Eſther.

UNE ISRAÉLITE SEULE.

Pleurons & gémiſſons, mes fidelles compagnes,
A nos ſanglots donnons un libre cours ;
Levons les yeux vers les ſaintes montagnes,
D'où l'innocence attend tout ſon ſecours.
O mortelles alarmes !
Tout Iſraël périt. Pleurez, mes triſtes yeux,
Il ne fut jamais ſous les cieux
Un ſi juſte ſujet de larmes.

TOUT LE CHŒUR.

O mortelles alarmes !

UNE ISRAÉLITE.

Quel carnage de toutes parts !
On égorge à la fois les enfants, les vieillards,
Et la ſœur & le frere,
Et la fille & la mere,
Le fils dans les bras de ſon pere !
Que de morts entaſſés ! que de membres épars,
Privés de ſépulture !
Grand Dieu ; tes Saints ſont la pâture
Des tigres & des léopards !

F iij

Une des plus jeunes Israélites.

Hélas ! si jeune encore ,
Par quel crime ai-je pu mériter mon malheur ?
Ma vie à peine a commencé d'éclore ,
Je tomberai comme une fleur
Qui n'a vu qu'une aurore.
Hélas ! si jeune encore ,
Par quel crime ai-je pu mériter mon malheur ?

Tout le Chœur.

Le Dieu que nous servons est le Dieu des combats :
Non , non , il ne souffrira pas
Qu'on égorge ainsi l'innocence.

Une Israélite seule.

Hé quoi ! dirait l'impiété ,
Où donc est-il ce Dieu si redouté ,
Dont Israël nous vantait la puissance ?

Une autre.

Ce Dieu jaloux, ce Dieu victorieux ,
Frémissez , peuples de la terre ,
Ce Dieu jaloux, ce Dieu victorieux ,
Est le seul qui commande aux cieux :
Ni les éclairs ni le tonnerre
N'obéissent point à vos Dieux.

Une autre.

Il renverse l'audacieux.

Une autre.

Il prend l'humble sous sa défense.

TOUT LE CHŒUR.

Le Dieu que nous fervons eft le Dieu des combats :
Non , non , il ne fouffrira pas
Qu'on égorge ainfi l'innocence.

DEUX ISRAÉLITES.

O Dieu, que la gloire couronne !
Dieu , que la lumiere environne !
Qui voles fur l'aile des vents ,
Et dont le trône eft porté par les Anges !

DEUX AUTRES DES PLUS JEUNES.

Dieu, qui veux bien que de fimples enfants
Avec eux chantent tes louanges !

TOUT LE CHŒUR.

Tu vois nos preffants dangers ,
Donne à ton nom la victoire ;
Ne fouffre point que ta gloire
Paffe à des Dieux étrangers.

UNE ISRAÉLITE SEULE.

Arme-toi , viens nous défendre ;
Defcends , tel qu'autrefois la mer te vit defcendre :
Que les méchants apprennent aujourd'hui
A craindre ta colere.
Qu'ils foient comme la poudre & la paille légere ,
Que le vent chaffe devant lui.

J'avoue que je ne connais point dans la langue françaife une poéfie plus véritablement lyrique, une harmonie
plus variée & plus muficale , & qui réuniffe avec plus de

F iv

grace tous les tons, tous les fentiments & toutes les formes
du rhythme. Quel champ pour un Muficien ! Ces vers *Pleu-*
rons & gémiffons , *&c.* ne donnent-ils pas d'abord une ou-
verture heureufe & caractérifée ? *Quel carnage de toutes*
parts , *&c.* préfente un récitatif admirable. *Hélas ! fi jeune*
encore , *&c.* doit fournir un air de la plus douce mélodie.
Hé quoi ! dirait l'impiété , *&c.* peut fournir un Dialogue :
& ces deux Ifraélites qui chantent cette belle priere,

> O Dieu , que la gloire couronne !
> Dieu , que la lumiere environne !

forment un Duo du caractere le plus noble & le plus ma-
jeftueux.

Le Chœur qui finit la tragédie d'Efther, eft le Cantique
d'alégreffe le plus parfait que l'on puiffe offrir à l'art du
Muficien ; toutes les circonftances les plus touchantes s'y
trouvent réunies, & les images font par-tout à côté du fentiment.

UNE ISRAÉLITE SEULE.

> Ton Dieu n'eft plus irrité ,
> Réjouis-toi , Sion , & fors de la pouffiere ;
> Quitte les vêtements de ta captivité ,
> Et reprends ta fplendeur premiere :
> Les chemins de Sion à la fin font ouverts.
> Rompez vos fers ,
> Tribus captives ,
> Troupes fugitives ,
> Repaffez les monts & les mers ,
> Raffemblez-vous des bouts de l'univers.

TOUT LE CHŒUR.

> Rompez vos fers ,
> Tribus captives ,

Troupes fugitives,
Repaſſez les monts & les mers,
Raſſemblez vous des bouts de l'univers.

Une Israélite seule.

Je reverrai ces campagnes ſi cheres.

Une autre.

J'irai pleurer au tombeau de mes peres.

Tout le Chœur.

Repaſſez les monts & les mers,
Raſſemblez-vous des bouts de l'univers.

Une Israélite seule.

Relevez, relevez les ſuperbes portiques
Du Temple où notre Dieu ſe plaît d'être adoré.
Que de l'or le plus pur ſon autel ſoit paré,
Et que du ſein des monts le marbre ſoit tiré.
Liban, dépouille-toi de tes cedres antiques.
Prêtres ſacrés, préparez vos cantiques.

Une autre.

Dieu, deſcends, & reviens habiter parmi nous.
Terre, frémis d'alégreſſe & de crainte ;
Et vous, ſous ſa majeſté ſainte,
Cieux, abaiſſez-vous.

Quel ſtyle ! quels vers ! C'eſt là certainement la poéſie
françaiſe dans toute ſa beauté : c'eſt ici ſur-tout qu'elle
peut être oppoſée à la belle poéſie des Grecs & des Latins : elle en a la variété flexible, les mouvements, l'ef-

fet, la magie. Le Poète eſt ici véritablement l'homme
inſpiré ; il voit les objets, me les fait voir, me tranſporte
avec lui par-tout où il veut, & de la hauteur de ſon génie
il domine le ciel & la terre.

> Je reverrai ces campagnes ſi cheres.
> J'irai pleurer au tombeau de mes peres.

Quoi de plus touchant ?

> Que de l'or le plus pur ſon autel ſoit paré,
>
> Et que du ſein des monts le marbre ſoit tiré.
>
> Liban, dépouille-toi de tes cedres antiques, &c.

Quoi de plus riche & de plus pompeux ?

> Dieu, deſcends, & reviens habiter parmi nous.
>
> Terre, frémis d'alégreſſe & de crainte.
>
> Et vous, ſous ſa majeſté ſainte,
>
> Cieux, abaiſſez-vous.

Quoi de plus impoſant & de plus majeſtueux ? & comme
le rhythme ſe plie à tous les tons & à tous les effets !

On a dit en dernier lieu, dans une Epître adreſſée à Horace, & digne de lui :

> Eſt-ce aſſez en effet d'une heureuſe clarté ?
> Et ne péchons-nous pas par l'uniformité ?

Malheureuſement ce reproche n'eſt que trop ſouvent fondé. Je n'y connais pas de meilleure réponſe que les
chœurs de Racine.

(14) L'Auteur des Eſſais hiſtoriques ſur Paris a écrit
qu'il aurait bien mauvaiſe idée de ſa nation, ſi les hommes de quarante ans ne mettaient pas une grande diffé-

rence entre Corneille & Racine. Je crois en effet qu'il y en a une très grande en plus d'un fens. Mais, fi l'Auteur a voulu dire que Racine devait être plus naturellement préféré par les jeunes gens, & Corneille par les hommes mûrs ; je ne fais s'il ne s'eft pas trompé beaucoup. Je croirais au contraire que le mérite de Racine, fondé fur une grande connaiffance de la nature, demande, pour être fenti, plus de réflexion & de maturité ; & que celui de Corneille, qui confifte fur-tout dans l'expreffion de la grandeur, doit être bien plus du goût de la jeuneffe, qui en général a plus d'élévation & d'énergie que de jufteffe & d'expérience. On ferait peut-être porté à croire que la jeuneffe, qui eft l'âge de l'amour & des paffions, doit fur-tout en aimer la peinture. Mais avec un peu de réflexion, on s'appercevra que cette peinture, quoiqu'elle lui plaife, ne lui paraît pas très admirable, précifément parcequ'elle lui eft trop familiere & que nous admirons moins ce qui eft fi proche de nous. La grandeur flatte davantage les jeunes têtes ; elles aiment infiniment ce qui les éleve. Ce n'eft qu'avec le temps qu'elles apprennent qu'il eft bien plus facile d'exalter l'imagination, que d'émouvoir l'ame, & que ces peintures de l'amour, que l'on croit d'autant plus faciles qu'elles font plus vraies, ont un grand empire fur tous les cœurs. Je me fouviens que mes camarades de College lifaient Racine avec plaifir, mais citaient toujours avec tranfport même les déclamations de Corneille. J'en ai revu plufieurs depuis qui avaient bien changé d'opinion.

Je ne fais pas, d'ailleurs, pourquoi l'Auteur des *Effais* aurait fi mauvaife idée d'une nation qui préférerait Racine à Corneille. S'exprimer ainfi, c'eft avoir un peu d'humeur, & c'eft trop fouvent le ton des Admirateurs

outrés de Corneille. Je crois qu'une nation qui , en con-
fervant un grand refpeût & une grande reconnaiffance pour
le génie fublime & créateur de Corneille , préférerait à fes
tragédies celles de Racine & de M. de Voltaire , pourrait
être une nation jufte & éclairée.

Le même Auteur fait un raifonnement affez fingulier
fur la même queftion. Il a obfervé que les partifans de
Racine ne trouvaient point mauvais qu'on lui égalât Corneille , au lieu que les partifans de Corneille trouvaient
très mauvais qu'on ne lui accordât pas la prééminence ,
& ne voulaient point entendre parler d'égalité. Il croit
que cette obfervation eft à l'avantage du dernier. Mais ,
n'eft-ce pas feulement une preuve que fes défenfeurs font
plus enthoufiaftes , & ceux de fon rival plus modérés ?
que les premiers mettent dans leur caufe quelque chofe
de perfonnel , & s'imaginent s'agrandir avec le héros
qu'ils défendent ; & que les feconds, ne plaidant que pour
le goût & difcutant avec tranquillité , ont affez réfléchi
pour trouver très fimple que la maniere de Corneille foit
plus analogue au caraûere de beaucoup de lecteurs que
celle de Racine , & font affez tolérants dans les difcuffions
littéraires , pour laiffer la liberté des avis & même des erreurs ? Cette difpofition fi raifonnable ne m'infpirerait
que plus de confiance en eux : & voir dans la difpofition
contraire de leurs antagoniftes un préjugé favorable , c'eft
dire que ceux qui fe mettent en colere & qui crient bien
fort , ont toujours raifon.

(15) Un orage me furprit un foir dans les Alpes. Bientôt les ténebres s'épaiffirent fous un amas de nuages. On
ne diftinguait plus aucun objet. Dans cette immenfe &
profonde obfcurité , partaient des deux extrémités de

l'horizon d'épouvantables éclairs, qui doublant ainſi leur
lumiere & ſe croiſant ſur les ſommets de St. Gothard ,
éclairaient d'une vaſte lueur ces glacieres éternelles pen-
dantes en précipices , ces caſcades qui tombaient à grand
bruit dans des torrents , & ces formes bizarres & me-
naçantes de rochers entaſſés & ſuſpendus ſur des abî-
mes, tandis que les longs retentiſſements de la foudre, mul-
tipliés par cent mille échos , roulaient dans cette chaîne
de montagnes , & allaient mourir dans le creux des ca-
vernes. Je fus frappé , je l'avoue , du ſpectacle de ces
horreurs impoſantes & de ces beautés terribles. Je rendais
grace à l'orage qui me donnait des émotions & des idées
que je n'avais pas connues. Mais mon ame d'abord ſaiſie
fut bientôt fatiguée. Le bruit monotone du tonnerre
qui grondait ſans ceſſe , importunait mes oreilles. Les
éclairs qui n'offraient à mes regards que des cimes déſertes
& une nature morte , & qui me rendaient plus affreuſe la
nuit où ils me replongeaient , laſſerent mes yeux aveu-
glés. Je me remplis d'idées triſtes & ſombres. Je ne ſentis
plus que la foibleſſe de l'homme entouré des images de la
deſtruction ; & je ne ſouhaitai pas que le même ſpectacle ſe reproduiſît ſouvent ſous mes yeux.

Peu de temps après , je me trouvai au commencement
d'un beau jour ſur le penchant du mont Jura. A meſure
que le Soleil s'élevoit ſur l'horizon , je ſuivais ſa marche
majeſtueuſe , & mes yeux avides erraient ſur tous les objets que la lumiere rendait ſucceſſivement à ma vue. C'é-
taient des vallées fertiles , des campagnes riches & rian-
tes , des côteaux brillants de culture ; c'était de tous côtés l'image de la vie , de l'eſpérance & du bonheur. Ce
ſpectacle me remplit d'un raviſſement délicieux. L'éclat &
la puiſſance du Soleil ſemblaient augmenter de moment en

moment. Ma vue fe perdait dans la contemplation de la lumiere immenfe , & ne fe laffait point d'admirer l'éclatante férénité des cieux , les richeffes de la terre , & la magnificence de la nature. Mes idées étaient à la fois grandes & douces , & le Soleil, l'homme & le monde s'offraient à moi fous leurs rapports refpectifs de bienfaits & de reconnaiffance. J'étais heureux de ce que je voyais, heureux de ce que je fentais , & je fouhaitai d'avoir tous les jours la même jouiffance & les mêmes émotions.

Voilà ce que font pour moi le génie brut & inégal , & le génie épuré par le goût. Le premier me faifit , me tranfporte quelquefois , il eft vrai ; mais il m'afflige un moment après : je gémis fur la faibleffe de l'homme qui gâte ainfi ce qu'il produit de plus beau. L'autre au contraire s'emparant de moi par degrés, & ajoutant fans ceffe à mon plaifir fans le troubler jamais , me paraît un être fupérieur difpenfé des imperfections humaines. Il m'attache à lui fans retour, & me fait defirer de n'en être jamais féparé.

(16) J'appelle déclamation , tout ce qui étant vuide de fens ou au-delà de la vérité , éblouit la multitude par le fafte des paroles ou le fracas des figures. Ce défaut eft un des caractères les plus marqués de la décadence du goût. Il appartient à cette époque où des hommes qui ont peu d'idées & peu de fentiments , fuccédant à ceux qui ont penfé & fenti , enflent & défigurent ce qui a été dit avant eux. Si l'homme éloquent fait dire à Phedre :

Me nourriffant de fiel , de larmes abreuvée , &c.

Le Rhéteur qui vient après dira

Je *nourris* mon forfait , *j'alimente* mon feu.
Il *vit* de mes foupirs , il *brûle* de mes larmes.

Il fubftituera ces expreffions bizarres & bourfoufflées aux expreffions heureufes & juftes de Racine. Mais pourquoi ? C'eft qu'il n'était pas véritablement affecté. Son imagination cherchait des fentiments , & fon ame ne les éprouvait pas. Car, lorfque le fentiment eft vrai, l'élocution n'eft jamais fauffe : elle peut être fans élégance, comme dans Ariane, mais elle n'eft ni emphatique, ni recherchée. Ces caracteres font précifément ceux du déclamateur. Moins il fent , plus il veut exprimer. Voulez-vous encore un exemple de déclamation, de celle qui confifte dans de grands mots qui n'ont point de fens ? Je me rappelle un vers fort fingulier d'une tragédie ou un Illinois difait :

Ne rabaiffons jamais l'orgueil du nom Sauvage.

Il eft évident que l'Auteur ne s'eft point entendu lui-même. Il s'eft fouvenu d'avoir lu quelque part *l'orgueil du nom Romain*, & il a mis *l'orgueil du nom Sauvage*, fans fonger que les Américains indigenes ne s'appellent point eux mêmes Sauvages, que c'eft une epithete par laquelle les Européens les défignent, qu'on n'a point *l'orgueil d'un nom* qu'on ne porte pas, & qu'enfin *l'orgueil du nom Sauvage* ferait une étrange chofe. M. de Voltaire a dit :

Le peuple infortuné qu'ils ont nommé fauvage.

Voilà comme parlent la vérité & l'éloquence ; & voilà comme on les défigure , quand on ne connaît ni l'une ni l'autre.

Mais l'efpece de déclamation la plus commune aujourd'hui, c'eft l'abus des figures, c'eft la manie de prodiguer hors de propos les formules les plus oratoires. On veut que tout foit fort, que tout foit grand, & l'on n'eft que roide & échaffé. On perd abfolument de vue la variété, les paffages, les nuances, la gracieufe facilité du ftyle, tout ce qui foutient & charme le lecteur. On cherche uniquement ce que l'on appelle aujourd'hui *de la chaleur.*

Ce mot qui a tourné bien des têtes, mérite qu'on s'y arrête un peu. En matiere littéraire il eft de nos jours prodigué jufqu'à l'excès. Je ne me rappelle pas de l'avoir vu dans les Critiques du dernier fiecle, ni dans les meilleurs Ecrivains de celui-ci. Je ne le trouve guere dans les Préfaces de Racine, de Corneille, de M. de Voltaire, dans Fénelon, dans les livres claffiques de Port-Royal, ni de Bouhours, ni de Brumoy, &c. Peut-être eft-il dangereux en matiere de goût d'introduire des expreffions qui n'aient pas une fignification bien précife & un fens bien déterminé. Il me femble que Boileau ne loue nulle part fon ami Racine d'avoir de la *chaleur,* que Racine ne nous dit pas que Sophocle ait écrit avec *chaleur.* Je crois que, fi Defpréaux avait demandé à quelqu'un de fa fociété ce qu'il penfait d'un ouvrage nouveau, & qu'on lui eût répondu *il y a de la chaleur,* il n'eût pas trop fu ce qu'on aurait voulu lui dire. Il aurait probablement demandé fi c'était que l'Auteur s'emportait avec trop de violence. Il y a de la *chaleur* dans vos reproches voulait dire, vos reproches ne font pas affez mefurés. Mais, qu'eft-ce que la *chaleur,* en fait d'ouvrages ? eft-ce un mérite ? eft-ce un défaut ? *La chaleur* ne peut jamais fignifier dans un fens figuré qu'une très grande vivacité : mais avec une très grande vivacité, on peut faire un ouvrage déteftable. Enfin, quand on me dit qu'il y dans un ouvrage, de la raison, de l'intérêt, du pathétique ; qu'il y a dans le style de tel Auteur, de la noblesse, de la rapidité, de la véhémence, je sais très bien qu'en penser. Si l'on me dit qu'il y a de la *chaleur*, on ne me donne aucune idée nette ; ou, si, pour m'en faire une, je me rappelle ce qu'étaient les ouvrages que j'ai vu caractériser par ce mot de *chaleur*, je ne suis pas tenté de les lire ; car j'ai observé que ce mot ne signifiait le plus souvent qu'un grand désordre dans les idées, très peu de justesse dans les mouvements, & une ridicule prodigalité de figures.

Pourquoi donc se sert-on sans cesse de ce mot ? N'est-ce pas précisément parcequ'il n'a pas un sens bien marqué, & qu'il ne compromet guere le jugement de celui qui le prononce ? Vous me dites que ces vers ont de l'élégance, & ces mêmes vers fourmillent de fautes ; que cette tragédie est bien conduite, & j'y démontre mille inconséquences : je vous prouverai aisément que vous avez tort. Mais si vous me dites que telle piece ou tel ouvrage a de la *chaleur*, vous ne risquez guere ; car la plus mauvaise rapsodie peut en avoir, puisque rien n'est plus aisé que de multiplier à l'excès les exclamations, les apostrophes, les expressions violentes, sans qu'il y ait ni bon sens, ni intérêt, ni éloquence, & à coup sûr il y aura de la *chaleur*.

Ce n'est pas que je veuille proscrire ce mot. Je voudrais qu'on en déterminât davantage le sens ; qu'il ne fût jamais que l'expression d'une qualité louable, & non pas l'excuse vague d'un style qui d'ailleurs aurait tous les défauts. Je dis qu'il est trop près de l'abus, & qu'en effet on en a étrangement abusé. Il avait d'abord tellement égaré les esprits, que des étrangers fort sages crurent pendant un

G.

certain temps que prefque tous les écrivains de la nation
avaient le tranfport au cerveau. C'étaient autant de poffé-
dés & d'énergumenes qui ne parlaient plus fans prophéti-
fer , (quoiqu'ils ne fuffent pas Prophetes dans leur
pays) , qui ne s'adreffaient jamais qu'à l'*Univers*., qui
troublaient fans ceffe le repos des Mânes , interpellaient
le Ciel à tout propos , interrogeaient à grands cris la nature qui ne répondait jamais , réveillaient les générations
paffées, & endormaient la génération préfente. On a
pouffé le ridicule jufqu'à fe paffionner férieufement pour
les *foupers agréables de Tibere* , & *pour le bien qu'il
avait fait aux hommes.* Cet inconcevable excès d'inep-
tie ne manquait pas de partifans , & s'appellait de la
chaleur.

Si l'on a prétendu que la *chaleur* dans les ouvrages
était toujours l'oppofé du froid , on s'eft encore trompé ;
car rien n'eft fi *froid* qu'une chaleur déplacée ; & des
ouvrages qui n'ont aucune efpece de *chaleur* peuvent
n'être point froids , quand ils auront le ton du genre
& l'intérêt qui leur eft propre. Les Epîtres de Boileau ,
par exemple , ne font certainement point froides , ce
font de très bons ouvrages , & cependant on n'y trouve
point ce qu'on appelle de la *chaleur*. C'eft ce que M.
de Voltaire a fi judicieufement obfervé , & ce qu'auraient dû fe rappeller ceux qui ont tant reproché à Boileau de n'avoir pas les qualités qu'il n'était pas obligé
d'avoir. Une fuite de cet abus qu'on a fait du mot de *chaleur* , c'eft le mélange de tous les tons & de tous les genres d'écrire. On a voulu {qu'une épître eût l'intérêt d'un
drame , & c'eft ainfi que l'on a corrompu à la fois & les
ouvrages & les jugements.

Voilà , dira-t-on fans doute , une terrible fortie contre

la *chaleur*, & l'on n'en dit tant de mal, que lorsqu'on n'en a point. Hélas ! très volontiers. Je ne me fâche point de cette épigramme qui sera de la force de beaucoup d'autres dont on m'a honoré. Mais on peut quelquefois, en matiere de goût, faire la même réponse que fit Lamotte-le-Vayer en matiere plus grave : *Mes amis, j'ai tant de religion, que je ne suis pas de votre religion.*

Fin des Notes.

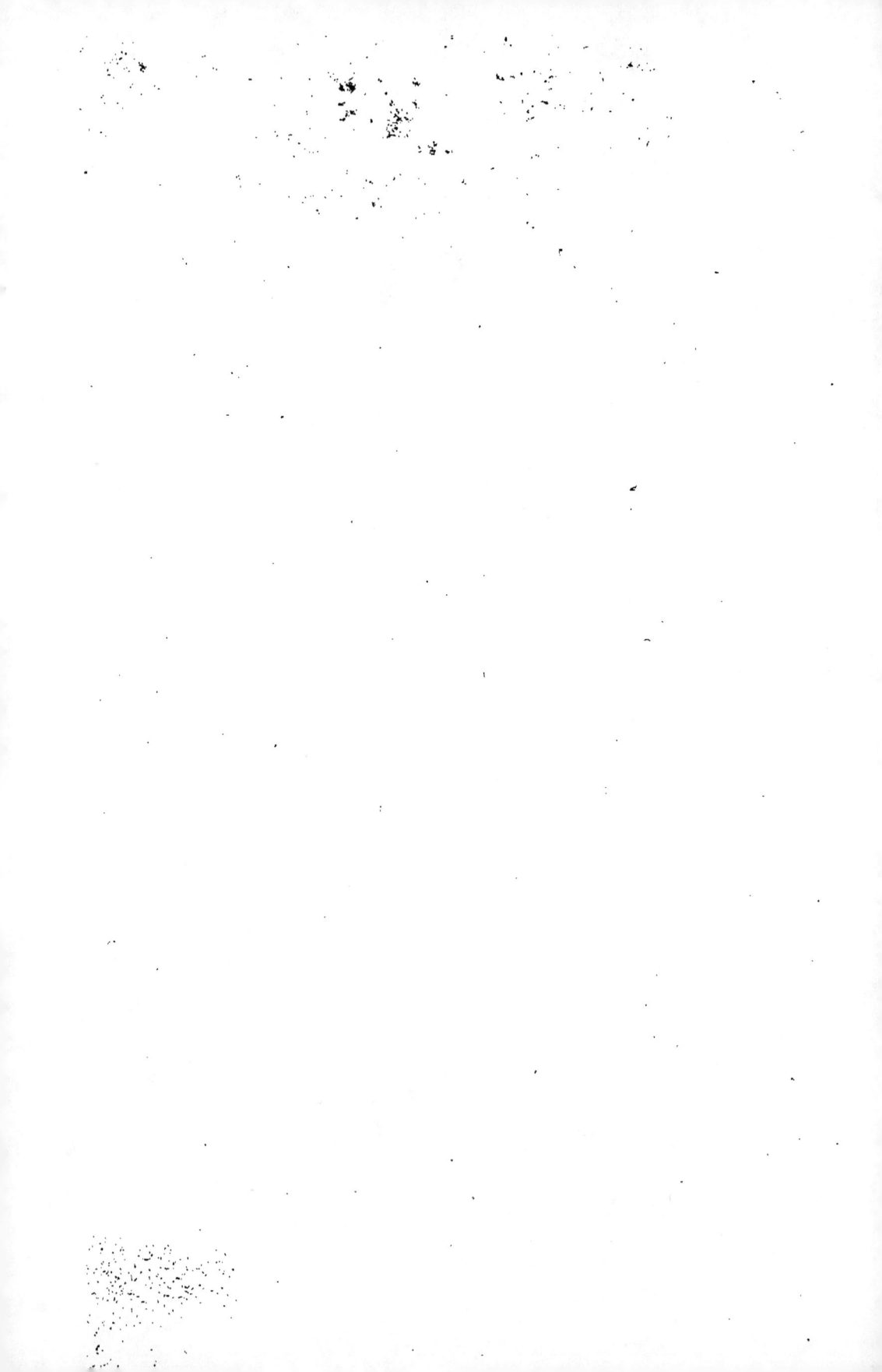

www.ingramcontent.com/pod-product-compliance
Lightning Source LLC
Chambersburg PA
CBHW060638100426
42744CB00008B/1675